U0756291

留守儿童
心理援助与技术

"留守儿童不另类"实证研究与探索

杨铮传◎编著

C²S | K 湖南科学技术出版社
·长沙·

图书在版编目（ＣＩＰ）数据

留守儿童心理援助与技术 / 杨铮传编著. — 长沙 :湖南
科学技术出版社，2022.8（2024.3重印）

ISBN 978-7-5710-1649-4

Ⅰ．①留… Ⅱ．①杨… Ⅲ．①农村－少年儿童－心理
健康－健康教育－研究－中国 Ⅳ．①G444

中国版本图书馆 CIP 数据核字(2022)第 122800 号

留守儿童心理援助与技术

编　　著：杨铮传

出 版 人：潘晓山

责任编辑：邹　莉

出版发行：湖南科学技术出版社

社　　址：长沙市芙蓉中路一段 416 号泊富国际金融中心

网　　址：http://www.hnstp.com

湖南科学技术出版社天猫旗舰店网址：

　　　　http://hnkjcbs.tmall.com

邮购联系：0731-84375808

印　　刷：湖南省汇昌印务有限公司

　　　　（印装质量问题请直接与本厂联系）

厂　　址：长沙市望城区丁字湾街道兴城社区

邮　　编：410299

版　　次：2022 年 8 月第 1 版

印　　次：2024 年 3 月第 6 次印刷

开　　本：710mm×1000mm　1/16

印　　张：15.25

彩　　插：2 页

字　　数：198 千字

书　　号：ISBN 978-7-5710-1649-4

定　　价：48.00 元

　　湖南澧县留守儿童心理援助案例（项目）荣获全国首届社会心理服务案例评选第一名，中国心理学家大会终身荣誉主席、中国心理学会原理事长张侃（右一）教授为项目领衔人颁发奖牌。

　　湖南澧县留守儿童心理援助项目领衔人杨铮传（中）与全国首届社会心理服务案例评选终审委董芳（左一）、辛自强（左二）、张丽（右二）、张胸宽（右一）合影。

　　逸途阁书院的创始人、湖南幼儿师范高等专科学校校长高金平（左一）投身留守儿童心理援助工作，2019年5月4日带队参加留守儿童心理援助研讨班并接受现场访谈。

在全国首届社会心理服务案例评选终审茶歇时间，杨铮传向中国心理学家大会主席、中国心理学会心理学标准与服务研究委员会主任梅建教授汇报"留守儿童不另类"实证研究方法论。

中央电视台节目主持人宋英杰（左），与特邀嘉宾杨铮传做心理健康教育访谈《对话纯净心灵，感悟健康人生》，叙述了对一个未成年人（留守儿童）及家长进行"四两拨千斤"式心理辅导的精彩故事。

留守儿童心理援助研讨班进一步深化对留守儿童"不另类"的认知，促进"互动式"心理辅导活动课、"陪伴式"个别心理辅导、"三个一"送教到校活动可持续开展。

心理学要扎根基层，迈向人民

2021年岁末，一则"留守儿童用老师电话打给妈妈"的视频在网上流传开来，一个10岁左右的男孩在电话接通时，没有撒娇，没有问妈妈什么时候回来，而是叮嘱妈妈注意身体，让爸爸少喝酒。男孩说着说着自己哽咽了，原本吵闹的班级慢慢安静下来，他身边的另一个男孩一开始在认真地听着他打电话，最后也情不自禁地趴在桌上抽泣起来。

我这个年纪早已见多了生离死别，看到这个视频也不免湿了眼眶。

一直以来大众都有个误区，认为留守儿童父母不在身边，经济上一定会有困难，于是有些企业和公益组织举办各类捐赠活动，孩子在一年内可能收到几个书包，很多套文具，渐渐对这些捐赠开始麻木、厌烦。而且这种经济援助会让逐渐长大的孩子感到"没面子"，自尊心会受到伤害。

其实，留守儿童的经济状况可能会比其他孩子的经济状况更好一些，因为他们的父母在大城市打工，收入会比当地人更高一些，而且他们这样做就是为了给孩子创造更好的学习、生活条件，让他们有机会走出农村，走出大山，去看看外面更广阔的世界。

对于长期父母不在身边，跟着祖辈或者亲戚生活的孩子来讲，最缺少的是爱，是关切，是陪伴。

有媒体称留守儿童为"精神孤独的小长跑者"，祖辈或者亲戚只能满足孩子的生活所需，却不能与他们建立亲密的关系，无法提供充足的精神支持，他们更容易产生心理问题，如孤僻、自卑、不善表达，等等。

帮助这些孩子度过心理上的迷惘期，需要家庭、学校及社会多方合作。正如杨铮传老师所说，对留守儿童的教育是"家庭教育要担责、学校教育要主导、社会教育要优化"。这些年他带领湖南澧县心理咨询师协会所做的工作，正是把家庭、学校和社会教育结合起来，用无数经验与心血汇聚成这本《留守儿童心理援助与技术》。

与杨老师最初相识是在 2019 年的中国心理学家大会上，适逢首届全国社会心理服务优秀案例评选活动的终审，年逾古稀的他把这些年自己的研究和工作讲给评审专家组听，毫无疑问拔得头筹。打动大家的，不仅是系统、严谨、细致的专业工作，还有一位老人献身心理、公益事业的精、气、神。

杨老师自称"草根心理学工作者"，在我看来，正是因为这些草根的基层心理学工作者，能把留守儿童心理援助的工作做系统、做扎实，也能更灵活地根据当地的情况做出适应性调整，做出更有针对性的方案。费孝通先生倡导"迈向人民的人类学"，武汉大学钟年教授同样提出"迈向人民的心理学"，这样才能扎实地为家庭服务、为民众服务、为社会服务。

书中提到了很多留守儿童心理援助的特色方法，"三个一"送教到校、"互动式"心理辅导活动课、"陪伴式"个别心理辅导、"针对式"亲子心理辅导，对于在基层从事教育、心理工作的老师都很有借鉴意义。留守儿童在我国普遍存在，湖南澧县只占其中很小的一部分，我们需要把澧县的经验推广开来，让更多孩子受益，让更多家庭受益，我想这也是杨铮传老师出版这本书的初衷所在。

特别需要提到的是，留守儿童与普通儿童无异，书中用大量篇幅介绍了"留守儿童不另类"的实证研究。这也是我们工作中一个非常重要的基本点，在平等与尊重的前提下帮助他们，是对他们内心世界最温柔的呵护。

中国有数以千万计的留守儿童，他们的背后是无数为中国经济奇迹做出贡献的父母，是无数个心怀希望的家庭。他们能安全无虞、健康快乐地长大，不仅是家庭的期盼，更是国家对无数社会主义建设者的交待。

像杨铮传老师这样默默献身公益的心理学工作者还有很多，你们的存在让这个世界多了些美好，少了些冰冷，谢谢你们。

梅建

中国心理学家大会主席

中国心理学会心理学标准与服务研究委员会主任

从人间取来火把，为留守儿童带来光亮和温暖

在心理学领域，有一个大家比较公认的理论，叫作"依恋理论"。依恋理论认为，孩子小的时候和主要照顾者的关系，尤其是和母亲的关系，会影响到孩子的情感模式、应对策略、人格特质，甚至是成年后的亲密关系和安全感、幸福感。

其实，所有哺乳动物的幼崽，都有一个亲代养育的问题。没有亲代的无条件的爱，幼崽活不下来。所以，如果自己家养了猫、狗等宠物，看了它们养孩子的方式，就会很受启发。它们生了孩子后，一定会让孩子依偎在自己怀里取暖，一定会为孩子喂母乳，一定会和孩子嬉戏打闹，一定会教它们一些基本的生存技能，一定会带着它们到处去逛一逛，熟悉领地，晒晒太阳。

可是，人类养育幼崽的方式已经发生了改变。我们生了孩子后，觉得自己抱孩子太累了，就让孩子自己躺在婴儿床或婴儿车里，或者干脆由月嫂来抱吧；喂母乳太麻烦了，用牛奶吧；孩子吵吵闹闹太烦了，给他手机或者玩具让他自己玩吧；练习生存技能太危险太复杂了，别爬、别跑、别叫、别闹、别乱吃、别弄脏自己；不要带孩子出门了，出去还要带奶瓶、带尿布、带衣服、带纸巾，算了，还是乖乖留在家里吧。

最近看了《中国儿童发展纲要（2021—2030）》，我们争取经过近10年的努力，到2030年，做到儿童发展一系列主要目标的达成。这需要社会保障体系的建立，也离不开每个家庭的紧密配合，"培育良好亲子关系。引导家庭建立有效的亲子沟通方式，加强亲子交流，增加陪伴时间，提高陪伴质量。"前面所述人类养育幼崽的"漫不经心"，可能影响孩子的身心发展。

不只如此，还有数千万的人类父母生完幼崽后就把幼崽扔给其他成人来照顾，然后自己远走他乡，7 年后甚至 10 年后才接回到自己身边照顾。这批幼崽被称为留守儿童。他们自己没想出生，但是出生后就被抛置在一个陌生的世界里，要自己看世间的冷暖，要在别人的凝视中学着活下来。他们不会被饿死，但是会极度渴望爱的滋养和被真实地看见，哪怕一点点微光，都会为他们带来希望。

杨铮传先生就是那个从人间取来火把，为留守儿童带来光亮和温暖的人。

第一次见杨铮传先生是 2019 年 8 月 10 日，在上海举办的中国第 13 届心理学家大会上。当时，我作为"社区社会心理服务"分论坛的主持人，聆听了杨铮传先生报告的《留守儿童心理援助案例》，这也是本届大会评出的全国首届社会心理服务十佳案例的第一名。

杨铮传先生的报告深深打动了我。不是报告的理论架构多么高大上，也不是服务体系多么宏大完整，而是他这个人、他和他的团队、他这么多年的坚守，是那么真实立体、那么贴近生活、那么坚持守望、那么百折不挠。

这一次，杨先生把他多年来为留守儿童服务的认识、项目申请与执行、实证调查与研究、辅导课的设计、个案辅导的技术、送教到校活动、送爱到家行动、心理服务队伍培训、公益活动组织、心理援助案例、个人心路历程一股脑地抛出，真的是倾情之作。如果你真想关爱留守儿童，你真想做社会心理服务或者类似的社会工作、社区工作、农村工作，都应该看看这本书。因为你将来可能遇到的一些困难与问题，杨先生都遇到过，他用他的亲身经历来告诉你，他是怎么解决的。

过去或者将来，你也可能看到一些像我这样的专家学者写的类似主题的书。他们会告诉你什么叫留守儿童，什么叫心理援助，有怎样的历史、怎样的理论与技术、怎样的原则与注意事项，你看着会觉得很高大上、很系统全面，听上去很有道理。但是，当你在实践中遇到一些细节问题的时候，依然不知道怎么办。

杨先生也无法告诉你怎么办，但是他会说他遇到了什么，在这种情况下，他是怎么办的。而他做事情的细节就会告诉你特别多的转折点和做事的技巧和启发。真传就在一句话。所有的事情，关键点就那么几个，一通百通。

我刚工作的时候，有个老领导跟我讲，为什么我们自己家的油炸花生米没有大饭店做的好吃？别听厨师们怎么忽悠你，又是冷水泡呀，又是几成油温呀，又是看油花呀，又是看颜色呀，又是及时起锅呀，又是散开降温呀，又是不能受潮呀，就算你所有的环节都做对了，还是没人家做的好吃。其实真传只有一句话，就是"冷油下锅"，其他都是瞎扯。我工作的时间久了，也渐渐认可了领导一针见血的洞察力，难者不会，会者不难，能者和愚者的分水岭，就是那么关键的几招。

杨铮传先生这次是真的像他的名字一样，把真经都传给大家了。师傅领进门，修行在个人。大家在魔鬼般的细节中如何共振和鸣，就看大家的悟性了。

非常尊敬杨铮传先生，尊重他的发心、愿力、耕耘与收获。是为序。

贺岭峰

教育部心理学教学指导委委员

上海体育学院心理学院教授、博士生导师

序三

应用心理学最美好的存在

2015年，我和商士杰博士去湖南做留守儿童调研，经邵彩虹女士介绍，有缘认识了杨铮传老师，此后参与了杨老师组织的一些活动，每每想到杨老师，必然有一幕会浮现在眼前：每次活动开始，杨老师带领一众咨询师们起立，一起诵读"心理咨询师誓言"，这是我从业几十年从未有过的经历，当时感到新奇，更多地感受到神圣与自豪，同时直接体会到肩负的责任。此情此景，多年后想起来，依旧如当初那般感动。

杨铮传老师是心理学特级教师，他在湖南澧县，比我们更真切地面对所谓的"学院派"与"实务派"之间的断裂，即使是心理咨询室，有时都难免成为咨询师与当事人潜意识合谋的，脱离现实、逃避现实的避难所。杨老师需要面对的，一方面是有些距离、有些隔膜的理论，另一方面，是始终存在的、无法漠视的儿童青少年在心理健康服务上迫切的需求，本书就是几十年来，杨老师在两方面的"夹击""拉扯"之中，艰难走过的历程之宝贵实录。

作为心理学人的杨老师，他热爱澧县深厚的文化底蕴，热爱生活于斯的人们，他十分关切那些在急剧的社会变迁中的孩子们。同时，在切实帮助他们的过程中，杨老师一直在思考，在探索，一路收获了许多值

得称颂的成果，当 2019 年杨老师团队在第 13 届中国心理学家大会获奖，杨老师是兴奋的、喜悦的，我为杨老师感到高兴。我也深知，这份荣誉背后，是杨老师的默默耕耘。在探索的过程中，杨老师是忐忑不安的，始终是自我质疑、自我批判的，获奖是对杨老师追求的方向、路径的认可，这是杨老师真正需要的。

在关爱留守儿童的工作中，首先遇到的一个问题，就是"标签化"，为了明确工作对象，为了强调工作的重要性，不得不给这个群体一个名称，并赋予他们一些共同的特征，但与此同时，关爱也可能变成伤害，"留守儿童"可能因为作为"另类"被歧视，可以说这是一个困局，杨老师的探索就是由此开始的。破局的方法就是科学研究，破局的成果是对留守儿童状况深入的认知和理解。通过实证研究，杨老师发现留守儿童与非留守儿童的学习兴趣没有显著差异，从社会功能层面力证留守儿童不是"特困儿童"，也不是"问题儿童"。

杨老师的研究是有温度的，是温情的，这项研究来自于杨老师关切的现实，倾注了杨老师对留守儿童满满的爱。他始终坚持开展关爱留守儿童的工作，并拒绝将留守儿童"污名化"，如此"戴着镣铐跳舞"，真真切切、实实在在地把关爱儿童心理健康的工作向纵深推进，给予我们很多启发。留守，与父母的分离，会对儿童产生不同层面、不同程度的影响，但像杨老师一样深深扎根于基层，长期面对儿童存在的各种心理困扰，就会发现问题本身异常复杂，非留守儿童也存在各类亲子关系的冲突，并不因为有父母相伴就有更加美好的童年；留守儿童身上呈现出的问题，深入探究下去，绝不仅仅与留守的经历有关，可能与父系母系两个家庭系统有千丝万缕的联系；还有就是如何在尊重孩子们的自尊、自主性基础上给予他们所需要的帮助……这些都是杨老师一直在探索的课题。

在第四章"留守儿童心理援助实务探索"中，杨老师写道："这群孩子发展心理问题和健康心理问题犬牙交错，为了解决孩子寻求心理辅导的时空问题，解决心理咨询师志愿者不便主动切入的现实难题，又要尽快产生最大化的辅导效果，我们从心理咨询学的教科书中走出来，立足人本主义心理咨询技术的'内核'，吸收创伤叙事、认知 ABC、焦点短期，以及积极心理学的精华，创造性地开展具有'集体意义'的'手拉手'（陪伴）活动（心理辅导）。"这一句"我们从心理咨询学的教科书中走出来"，令我产生许多感慨，创造出有自己特色的工作模式和方法，是杨老师自觉的使命和担当，更是实际工作的必然要求，本书处处都闪烁着原创的珍珠之光。原创不是刻意的追求，而是直面实际问题，在现实条件下进行工作，是爱心和智慧结合所绽放的光辉。如在第四章总结的三种"陪伴式"，我们对于"陪伴"耳熟能详，但我们没有像杨老师们这样去区分陪伴本身，三种"陪伴式"既是理论层面的创新性贡献，也极具实际操作、运用价值。三种"陪伴式"，"扮亲人"的亲情陪伴、强化积极情绪的发展陪伴，以及叙事（故事）倾听的健康陪伴，分别体现了心理咨询与心理咨询师的不同功能。更为可贵的是，经由杨老师的实践、总结和阐发，这些功能可以由班主任、任课老师以及志愿者等，在不同情境之下，通过不同形态、不同层次的陪伴而实现。具体说来，"扮亲人"的亲情陪伴，充当孩子们重要而又缺失的客体，给予他们所需要的关怀和心理滋养，让孩子丰富、复杂的情感得以表达。强化积极情绪的发展陪伴，中心是积极情绪，目标是发展，陪伴者作为情绪的涵容者，允许各种消极情绪的表达，理解和处理各种负性情绪，在情绪表达中体验正性、积极的成长力量。最后，叙事（故事）倾听的健康陪伴，可以视为前两种陪伴更常态化的体现，并包含了前两者，对陪伴者有更高的要求，我们倾听孩子们的故事，倾听他们在故事中的情绪感受和自我。

　　心理健康工作是一项充满魅力的工作，魅力之一就是工作者与服务对象的相遇，一次次我们与留守儿童的相遇。本书中收录了许多咨询师朴实的感言，它们是这一美好相遇的见证，它们让我们触碰到一颗颗美丽的心灵。自开展留守儿童心理援助工作十多年来，杨铮传老师致力于人才培养、团队建设，他促成了这些美好的相遇，包括我与杨老师，与杨老师团队，与湘北的咨询师们，与秀美的澧县的相遇，感谢相遇相知。

吴和鸣

中德心理医院原院长

中国地质大学（武汉）应用心理研究所硕士生导师

前 言

　　本书是中华少年儿童慈善救助基金会（简称中华儿慈会，下同）留守儿童心理援助案例（项目）的总结和深化，展现了心理健康教育实务探索的过程，也是当前中小学推进心理健康教育可操作性的普及读本。

　　在全国首届社会心理服务"十佳"案例评选中，湖南澧县留守儿童心理援助案例（项目）一举夺魁，荣获全国第一名。登上第 13 届中国心理学家大会由贺岭峰教授主持的"社区心理服务"论坛，赢得点评专家充分肯定，与会代表高度评价，"天天心理网"热播。湖南常德融媒体第一时间以《留守儿童心理援助"澧县样本"走向全国》为题进行报道，得到湖南省委有关领导的高度关注，湖南教育电视台分别以《留守儿童不另类"澧县样本"走向全国》和《用真情和爱心守护留守儿童健康成长》为题进行报道，《湖南教育》2019 年第 12 期 B 版，发表了长篇深度报道《从"心"开始——杨铮传和澧县留守儿童心理援助项目》。

　　2020 年 1 月，中共中央宣传部派员"深入群众，感受基层"，深入调研澧县留守儿童心理援助项目，写成调研报告《关于湖南省澧县关爱留守儿童心理健康的调研与思考》，建议将"留守儿童心理援助与技术"总结、深化、结集出版，"这是对国家的贡献"；关于"技术"，更重要的是宏观的方法论，等等。

　　本书图文结合，记录了一部穿越漫长时空、关爱留守儿童、开展留守儿童心理援助的史实。2012年7月31日，中华儿慈会"童缘"唯一留守儿童心理援助项目签约落户澧县。立项预备期两年对澧县励志家园特殊留守儿童开展心理援助工作，以及延续至今留守儿童心理援助项目成果的推广应用，已有12个年头，是长篇叙事诗式的存在。

本书一共6章，加上"附录"7个部分，用纪实的方式，再现一个个难忘的历史"镜头"，从最初对励志家园孩子"一对一"的心理陪伴，到留守儿童心理援助立项；从"第一个农村留守儿童心理援助站"的建立，到"全县留守儿童工作站"的建设；从"童缘"项目的高标准结项，到纳入澧县关工委的工作范畴、"双龙经验"的推广；从"互动式"心理辅导活动课的"我们一路同行"，到"陪伴式"个别心理辅导"一个神奇的心理辅导故事"的诞生；从校内留守儿童心理援助难点的破解，到校外"针对式"亲子心理辅导的践行；从连续三年留守儿童心理辅导员培训班的举办，到可持续开展"三个一"送教到校活动至今，无一不彰显澧县县委政府领导的高度重视、各级政府机构的大力支持、社会各界的积极参与，无不饱含湘北数以百计"草根"心理咨询师志愿者关爱留守儿童、开展心理援助的深厚感情，以及他们义无反顾、参加成长活动、加强自我修为、积极投身社会心理服务工作的"草根"情怀。

本书阐释了一份关爱留守儿童、开展心理援助，投身社会心理服务的"草根技术"。对留守儿童的价值判断、实施心理援助的正向理念，特别是对"留守儿童（群体）不另类，留守儿童不是特困儿童，更不是问题儿童"的阐述，都是客观的、唯物的。从2005年开始，国内学者的大量研究，并没有形成"留守儿童就是问题儿童"的实证性结论。"留守儿童与普通儿童无异，书中用大量篇幅介绍了'留守儿童不另类'的实证研究。这也是我们工作中一个非常重要的基本点"（序一）。在留守儿童心理援助的过程中，我们始终强调"外因"是事物变化的条件，"内因"是事物变化的依据，"外因"通过"内因"起作用。"留守"可能引起孩子暂时的分离焦虑和情绪依恋，但产生心理问题的原因不是

"留守"本身，而是教育语境（外因）是否优化，因此留守儿童（个体）需要心理援助，以"最大限度地减少'留守环境'可能对孩子产生的负面影响，预防产生心理问题，防患于未然。""要把留守儿童心理援助放到常态的教育条件下进行，社会教育要优化、家庭教育要担责、学校教育要主导""心理援助的难点是学校心理辅导教师三个层面的培养"，要充分避免贴标签"污名化"对留守儿童产生消极影响，要充分挖掘"留守"本身所蕴含的积极因素，培养积极心理品质，等等。这些都是唯物辩证法在留守儿童心理援助中的灵活运用，是方向标。

留守儿童（群体）不另类的价值判断，源自留守儿童与非留守儿童学习兴趣"无异"的实证调查研究。评估一个人有没有心理问题，有三个标准：症状标准、时间标准和严重程度状况，而严重程度又包括痛苦程度以及社会功能是否受损。学习兴趣是社会功能方面的重要表现。如果一个人有心理问题，他的社会功能必然是不完整的。反之，如果社会功能完整，就不存在心理问题。简单地说，既然留守儿童与非留守儿童的学习兴趣无异，就表明留守儿童（群体）不是问题儿童。这一研究的创新方法论（技术），在中国心理学家大会组织的答辩中，评审专家均未提出异议，称其"思路正确"，使得留守儿童心理援助案例评审折桂。

"留守儿童心理援助实务探索"部分，细心的读者会发现，每一个内容都融进了草根心理服务工作者"从心理咨询学的教科书中走出来"，将心理咨询学原理灵活运用于实际的生活化思考，"本书处处都闪烁着原创的珍珠之光"（序三），应该具有"技术"借鉴的意义。

"留守儿童心理辅导案例故事"部分，直接呈现了"陪伴式"心理辅导、心理咨询"草根"技术运用的黄金含量。

本书勾勒了一幅应用心理学在湘西北偏远县城、农村扎根泥土的"草根画面"。国家关工委顾秀莲主任批示"值得学习和推广"的"双龙经验"，在宏观方面，指湖南澧县双龙乡（现已并入复兴厂镇）留守儿童工作站的四条基本经验，概括为"政府主导、学校承办、部门协作、

13

社会参与"的长效机制;在微观方面,是"留守儿童工作站所在学校"建设心理健康教育中心,所具备的"五室",即办公室、心理咨询室、沙盘游戏治疗室、情绪宣泄室、亲情交流室,特别是亲情交流室,配备1部以上电话和3台以上电脑,便于视频交流。双龙经验的"五室"在全县推广,让留守孩子与父母的亲情通过网络连接,构建了一幅应用心理学动人的恢弘画面。

"留守儿童心理服务工作者培养"部分,用"举隅"的形式,呈现每年不少于三次、免费为湘北地区心理服务工作者开展成长活动等诸多具象。十年如一日的坚持,社会心理服务"这条路,一起走",在全国应该少有,也是一幅乡村"草根"心理服务工作者集结前行的壮丽图景。

从"心理辅导活动课教学竞赛背后的故事""双盲实验"等内容中,都可以看到应用心理学扎根乡村泥土的鲜艳色彩。

心理辅导是以一般正常人为对象,在学校里则以全体学生为对象,通过各种辅导活动,提高他们的心理素质,促进心理健康,主要由学校心理辅导人员和全体教师承担;心理咨询是助人自助的职业性工作,在学校工作的国家职业资格心理咨询师是学校心理辅导人员中的骨干;学校心理辅导人员乃至所有教师在处理个案时,有时也在一定程度上扮演心理咨询者的角色。

本书既是留守儿童心理援助项目的总结、深化,也为当前教师,特别是中小学教师、广大家长投身心理健康教育,预防为主,以人为本,"当好学生的心理保健医生",提供了极其鲜活的草根"范本"。

本书如果能助力学校心理健康教育科普宣传,能助力学校心理辅导人员和全体教师的自我修为,能助力学校心理辅导、心理咨询的生活化开展,能给学校教师,特别是中小学教师、心理咨询师、社会心理服务工作者一点点启发,让千千万万留守儿童及所有的儿童在常态教育中共同受益,则是我们最大的心愿,最大的快乐!

目　录

第一章

留守儿童心理援助基本认知

关爱留守儿童、留守儿童心理援助需要开阔的文化视野：从"留守"的现象来观察，留守儿童和非留守儿童是动态的，今天是留守儿童，明天可能不是留守儿童；从"留守"的"体貌特征"来透视，农村有留守儿童，城市，特别是小城镇，也有留守儿童；从"留守"的可能性"创伤"来思考，"留守"产生的"隐患"，也许会在非留守期间甚至在成年以后"冒出来"。

实证研究和行动研究表明：留守儿童（群体）既不是特困儿童，更不是问题儿童；关爱留守儿童的重点是心理（精神）关爱，要充分避免贴标签"污名化"，要充分挖掘"留守"蕴含的积极因素，培养孩子积极的心理品质；留守儿童（个体）需要心理关爱、心理援助，避免"留守"产生的分离焦虑等负面情绪集聚为"心理问题"；留守儿童心理援助需要"常态的教育条件"，需要优化教育语境，社会教育要优化、家庭教育要担责、学校教育要主导；心理（精神）关爱的难点是学校广大教师心理健康教育意识的增强、心理服务方式方法的优化。

国家关工委顾秀莲主任"值得学习和推广"的批示，让我们看到留守儿童心理援助"正向理念""专业反思"的社会学基础，以及应用心理学的不竭"源头"。

第一节　留守儿童心理援助的文化视野

我国第一次提出"留守儿童"概念的学者是上官子木。他基于"父母双双出国，将子女留守国内让祖辈抚养"的案例，撰文《隔代抚养与留守儿童》，发表在《父母必读》杂志 1993 年第 11 期，接着撰文《留守儿童忧思录》，发表在《视点》杂志 1994 年第 4 期，后为《神州学人》杂志转载。

随着我国经济社会发展和工业化、城镇化进程的推进，一些地方农村劳动力为改善家庭经济状况、寻求更好的发展，走出家乡务工、创业，但受工作不稳定和居住、教育、照料等客观条件限制，有的选择将未成年子女留在家乡交由他人监护照料，导致大量农村留守儿童出现。

一、留守儿童数量的"动态性"

农村留守儿童是一个群体，是一个集合名词。对于留守儿童数量的表述方面，我们不能一概而论，应该与不同的年龄视角、界定标准相联系。

1990 年发布的联合国《儿童权利公约》，将"儿童"界定为"18 岁以下的任何人"。1991 年 12 月 29 日，第七届全国人民代表大会常务委员会第 23 次会议决定，中国即加入《儿童权利公约》；《中华人民共和国未成年人保护法》规定，"未成年人是指未满 18 周岁的公民"，与《儿童权力公约》中"儿童"的年龄范围一致；我国心理学界对人的心理发展年龄阶段的划分，将 0~18 岁归为儿童期，与法学意义的儿童范畴完全一致；国务院《关于加强农村留守儿童关爱保护工作的意见》（2016 年 2 月 4 日）对农村留守儿童的年龄范畴与相关"属性"做了明确的表述："留守儿童是指父母双方外出务工或一方外出务工另一方无监护能力、不满十六周岁的未成年人。"此外，医学界将 0~14 岁的儿童作为儿科的研究对象。

据 2000 年第五次全国人口普查资料显示，中国农村留守儿童近 2000 万人。有专家推算和保守估计，14 岁以下的留守儿童在 4390 万以上。在一些农村劳动力输出大省，留守儿童在当地儿童总数中所占比例高达 18%~22%。父母双方都外出流动，儿童不能与父母在一起生活的情况在全部留守儿童中超过了半数，比例高达 56.17%。因人口流动引发的农村留守儿童问题已经成为不可忽视的社会问题。

2013 年，全国妇联根据中国 2010 年第六次人口普查数据推算，中国共有 6102.55 万名农村留守儿童，而 2016 年多部门联合开展的农村留守儿童摸底排查工作统计认为，全国不满 16 周岁、父母均外出务工的农村留守儿童数量为 902 万人。留守儿童的数量从 6102 万人降到 902 万人有以下原因：其一是留守儿童的年龄上限的调整。过去的报告是以不满 18 周岁人员为口径做的统计，而这次（2016 年）的统计口径却是不满 16 周岁人员；其二是统计范围上的差异，以往的报告是以父母一方外出即算留守儿童，而新的统计方式却是只有父母双方外出务工，或一方外出务工，另一方无监护能力的，才算是留守儿童。两相比较，数字大幅度缩水就不足为奇了。

民政部于 2018 年 10 月 30 日召开第四季度例行新闻发布会，在会上发布，截至 2018 年 8 月底，全国共有农村留守儿童 697 万人，与 2016 年首次农村留守儿童摸底排查的数据 902 万人相比，下降了 22.7%，下降的比例比较大。国务院《关于加强农村留守儿童关爱保护工作的意见》提出，坚持问题导向，强化家庭监护主体责任，从源头上逐步减少儿童留守现象。到 2020 年，未成年人保护相关的法律法规和制度体系更加健全，全社会关爱保护儿童的意识普遍增强，儿童成长环境更为改善、儿童人身安全更有保障，儿童留守现象明显减少。

二、留守儿童心理援助的"整体性"

农村留守儿童和非留守儿童是动态的，因为父母外出务工不是一成不变的，今年是留守儿童，明年可能不是留守儿童。

农村有留守儿童，城市（特别是小城镇）也有留守儿童：小城镇里的"国字号"企业基本改组或消失，工人失业后多往外地去务工，孩子留守情况普遍存在。农村和城镇，还存在着与父母缺少情感联接而产生的心理留守现象。

无论是农村还是城镇，留守儿童和非留守儿童都是动态变化的。因此，动态留守儿童心理援助的范围应该是一个"大概念"，包括18岁以下所有的留守儿童和非留守儿童，也就是所有的儿童。

留守儿童个体所处的教育语境，包括家庭、学校、社会等方面。如果没有优化，对留守儿童造成了某些伤害，自身又缺乏"创伤复原"的能力，其隐患可能在非留守期间甚至在18岁成年以后显现出来。

以上"状况"，要求我们具有更加宽阔的留守儿童心理援助的文化视野，既不要拘泥于农村，也不要受儿童具体年龄的束缚。

第二节　留守儿童心理援助的正向理念

从对湖南澧县励志家园孩子（特殊留守儿童）开展心理关爱工作，到2012年7月中华儿慈会正式批准"童缘"留守儿童心理援助立项，再到2014年项目成果的推广应用纳入澧县关工委的工作范畴（参见本章第4篇），至今已跨越了12个年头。

实施这一项目的过程，也是我们深入进行实证调查研究和行动研究的过程，从方法论的层面，初步形成了关爱留守儿童的正向理念，付诸实践并进行了深刻的专业反思。2019年8月10日，作为这一项目（案例）的领衔人、参与者，笔者在中国第13届心理学家大会暨应用心理学高峰论坛上发表演讲，主题是《关爱留守儿童，我们一路同行——留守儿童心理援助案例分享》，其关爱留守儿童心理援助的正向理念，以及基于实践操作的专业反思，得到了论坛主持人贺岭峰教授和现场嘉宾的充分肯定，得到了与会代表的高度认可。

一、留守儿童（群体）不另类

留守儿童不是特困儿童。留守儿童的父母在外面打工挣钱，一般来讲，经济收入会超过没有出去打工的家庭，这应该是不争的事实。

留守儿童更不是问题儿童。从 2005 年开始，国内学者的大量研究，并没有形成"留守儿童就是问题儿童"的实证性结论。《留守儿童心理健康问题研究现状分析》一文，对"中国学术期刊网络出版总库"上的论文（398 篇）进行频次统计和内容分析，结果表明，对于农村留守儿童心理是否健康存在两种观点。如果诊断留守儿童的心理问题，必然要看学习方面（学习兴趣）这一"社会功能"的受损程度。因此，从 2012 年起，笔者带领团队随机取样，对农村 1098 名不同区域（平原、丘陵、山区）、不同年龄阶段留守儿童、非留守儿童的学习兴趣进行实证调查研究，得出的结果如下：

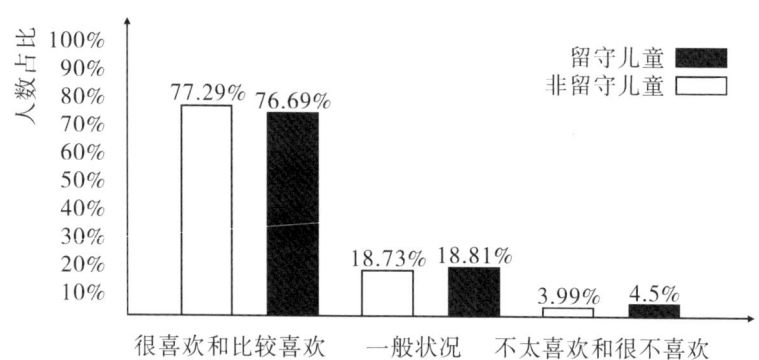

农村儿童学习兴趣实证调查结果

（图片来源：2014 年 4 月 17 日湖南常德日报《留守儿童不另类》）

从上图可以看出，学习兴趣处于"很喜欢和比较喜欢"状态的留守儿童占 76.69%，非留守儿童占 77.29%，其差异没有统计学的意义，即留守儿童与非留守儿童的学习兴趣"无异"。

显然，国内对留守儿童心理健康问题研究的结果，没有形成统一的结论，既然留守儿童和非留守儿童的学习兴趣没有显著性的差异，我们就不能把留守儿童当成问题儿童来看待，要避免对留守儿童这个群体"污名化"，贴"问题儿童"的标签。这是经过实证调查研究和行动研究而形成的价值判断，是关爱留守儿童的方向标。对留守儿童心理状态的洞悉，从某种意义上讲，也是对一个时代的把握。

二、留守儿童（个体）需要心理援助

关爱留守儿童的重点不是物质方面的给予，而是心理（精神）关爱，留守儿童（个体）需要心理援助。有的机构起初找不到关爱留守儿童的"路径"，就送书包、文具，无巧不成书，后来有的机构又到同一所学校去送书包、文具，孩子们对"书包碰头"不仅没有新鲜感，而且很不感兴趣，怎么办？干脆就改为造册签字送红包，没有想到会引起留守儿童家长的反感，有的领了但心里不是滋味，有的干脆不要，说"我家有钱，你们不要看不起我"，更有孩子还委屈地哭起来。

定期去乡镇学校为留守儿童献爱心，是澧县关心下一代工作委员会雷打不动的任务。有一次，县关工委副主任彭世清却遇到了难题。王浩（化名）是关工委连续几年关注的留守儿童，15 岁那年，他考上中职。为了表示关心，彭世清带着 1000 元去学校看望他，可那天，王浩躲在宿舍里一直不肯露面。隔着房门，他哭喊着"我不要你们的钱"，让门外的工作人员一头雾水，也许，自尊心让他觉得接受经济资助是一件"丑事"。

关爱留守儿童的重点是心理（精神）关爱，既然留守儿童不另类，为什么还要把心理关爱、心理援助作为重点？我们竭力宣传"留守儿童不另类"话语文本的"内核"，是避免对留守儿童贴"标签"而产生负面影响；对个体而言，"留守"可能引起孩子暂时的分离焦虑、情绪依恋，可能产生心理问题，其原因不是"留守"本身，而是与教育语境是否优化有关。因此，我们要通过行之有效的方式、方法对其进行心理关爱、心理援助，最大限度地减少"留守环境"可能对孩子产生的负面影响，预防心理问题，防患于未然，促进心理健康发展，这是应有的人性关怀，也是教育者的天职！

三、心理援助需要常态的教育条件

要把留守儿童心理援助放到常态的教育条件下进行，学校要"主导"。关爱留守儿童，归根结底是教育问题，家庭教育要担责，学校教育要主导，社会教育要优化。学校教育要主导，指学校要履行关爱留守儿童，进行心理援助、心理辅导的主体职责（社会责任和义务）。

学校是培养人的专门机构，学校教育有组织、有计划、有目的地向个体传授社会规范、价值观念、知识与技能，其地位的正式性和管理的严格性，乃是家庭教育、社会教育不可比拟的。因此，在中小学生早期的社会化过程中，学校教育是其他任何途径不可替代的。

留守儿童是中小学生中的一部分，而且是动态的，这一学期是留守儿童，下一学期可能就不"留守"了，他们绝大部分时间在学校里度过。发挥学校教育的独特职能，运用中小学校的优质资源，加强对留守儿童的"状况"管理，吸收家庭教育、社会教育中的各种有利因素，促进留守儿童身心健康发展，在这样常态的教育条件下，才能使关爱留守儿童、开展心理援助真正落到实处，也才具有普适性、普惠性。正因为如此，如果社会资助建设留守儿童工作站或心理援助站，建在学校是最适合不过的，学校校长兼职工作站站长更是顺理成章，只有这样，才能充分发挥学校人、财、物的综合作用。

四、心理援助的难点是心理辅导教师三个层面的培养

关爱留守儿童、开展心理援助的"主导"是学校，教师"要当好学

生的心理保健医"[1]决非易事，难度很大，需要转变观念、优化观念，需要脚踏实地、一如既往，真正抓好学校心理辅导教师"三个层面"的培训：第一个层面是全体教师心理健康教育通识培训，第二个层面是心理健康教育骨干培训，第三个层面是国家职业心理咨询师培训或心理咨询技能培训。

2015年8月6日，由澧县政府办公室主任主持，县关工委在县青少年校外活动中心、少年宫召开专题研讨会，专门研究"如何突破对留守儿童进行心理关爱的难点——开展全县教师队伍心理辅导培训与配备工作"。参加研讨会的有县关工委的班子成员，县留守儿童工作总站的负责人，县教育局、县青少年校外活动中心和县心理咨询师协会的相关负责人。

笔者以县心理咨询师协会会长、留守儿童工作总站副站长、中华儿慈会留守儿童心理援助项目领衔人"三重"身份应邀参加此次会议，从专业的角度，汇报了在宏观方面优化留守儿童心理援助教育语境的重要性，加强全县小学、初中教师心理健康教育通识培训、留守儿童心理辅导员骨干培训和国家职业资格心理咨询师培训的必要性，以及长计划、短安排的操作思路，与会代表参与热议，形成了"关爱留守儿童要真抓实干"的共识，强化了"留守儿童群体既不是问题儿童，也不是特困儿童"等观念，要默默地为留守儿童做实事，决不能给留守儿童"贴标签"。

在汇报的过程中，我很激动，大家都非常兴奋，时任县关工委常务副主任羿世淦先生给予高度评价。此次专题研讨会的实质，是澧县如何关爱留守儿童的议事会，形成了关爱留守儿童《关于培训和配备心理咨询教师建议的会议纪要》（以下简称《会议纪要》），以便日后实施。

---

[1] 曾梅. 教师要当好学生的心理保健医——访北京师范大学发展心理研究所所长林崇德教授 [J]. 北京观察，1999.7

《会议纪要》中"通识培训送教到校""心理健康教育骨干即留守儿童心理辅导员培训 45 岁以下的班主任""自主参加国家职业资格心理咨询师培训合格给予奖励",以及通力协作的组织管理、经费落实等方面可操作性的具体内容,成为澧县关爱留守儿童、心理援助可持续开展的操作"指南"。

第三节　留守儿童心理援助专业反思

当前,全社会都在关爱留守儿童,但关爱的热情似乎有湮没理性思考的趋势,致使关爱的效果受到影响,甚至可能给留守儿童带来伤害。作为一名为基础教育服务的应用心理学工作者,作为留守儿童心理援助项目(案例)的见证者、参与者、推动者,常年在"田边地头"行走的过程中,深感树立、践行关爱留守儿童的正向理念极其重要,不断加强专业反思,才能使我们的头脑更清醒,行动更稳健,效果更扎实。

一、建立家庭、学校、社会紧密结合的协同作用非常重要

协同或协同作用,是协同学最基本的概念。一个由许多子系统构成的系统,如果在子系统之间互相配合产生协同作用和合作效应,系统便处于自组织状态。自组织状态是指在没有外部指令的情况下,其要素之间按照某种规则而形成一定的结构和功能,并自动地进行自我组织和协调。

协同学的创始人 H. 哈肯以工厂生产的例子来形象地区分组织与自组织现象:工厂中工人的生产行为若受老板指令控制,属于(它)组织现象;若工人的生产行为不再需要老板或工头的指令,而能自动地协调运作,则称自组织现象。在关爱留守儿童的过程中,家庭、学校、社会

是一个相互联系、相互影响、相互作用的大系统，在需要"解决问题"的时候，大系统自组织地协同合作，可能使问题迎刃而解，这是系统学、协同学方法论的实际运用，学校在这个自组织系统中往往能够左右逢源。

笔者参与实施留守儿童心理援助项目，经常听到学校校长或心理辅导志愿者讲述他们与家庭、社区协同合作的故事，诸如放寒假之前，学校与乡镇及社区（村）联系，通过微信群提前通知回乡过年的家长参加家长会，在家长会上开展"爸爸、妈妈，我想对您说……"的活动，等等。总之，留守儿童心理援助是一项系统工程，只有建立家庭、学校、社会紧密结合的协同机制，才能产生最大化的良好效果，否则，有可能头痛医头，脚痛医脚，治标不治本。

二、需要富有情怀的"有识、有志、有权"之士共同努力

这里的情怀，是指放眼未成年人（留守儿童）一生的幸福，甘愿为他们的心理健康而尽心尽力的眷眷之心，是指放眼我国社会大众心理健康状况不容乐观的现状而产生的忧国忧民之情。

澧县关心下一代工作委员会的智慧引领，众多县直单位的积极参与，青少年校外活动中心、澧县少年宫始终如一的"站台"服务，一批基层学校校长、教师的无私奉献，湘北地区心理咨询师志愿者的接力前行，共同用爱心构筑起一条富有情怀的留守儿童心理援助之路，这条路跨越 12 年时光，正在向远方延伸……

我们的体会太深刻了，留守儿童心理援助的开展，确实需要富有情怀的有识之士、有志之士、有权之士不忘初心，砥砺前行，长期坚持，否则，极可能滑入形式主义的泥潭。

三、要充分避免贴标签对留守儿童产生消极影响

曾有网络媒体报道，留守儿童心理问题的检出率高达 57.14%，既

没有说明取样范围、样本大小，也没有说明用的是什么测量工具，其采信度有多高，不言而喻，但这样的报道在网络上流传开去，产生负面影响是必然的。

那些没有注明出处且缺乏教育统计学依据的数据，或夸大描述留守儿童心理问题的宣传等现象都表明，社会各界对留守儿童普遍存在一定偏见和刻板印象，留守儿童"污名化"现象已处于启动状态，以至于一讲到留守儿童，似乎他们就是问题儿童。因此，我们要充分避免贴"污名化"标签对留守儿童产生消极影响。

开展关爱留守儿童的活动，绝对不能分类进行，一分类进行就贴了标签，就会产生负面影响。这种隐形的负面影响究竟有多大危害，不能做实验，但可以通过具有正面效果的"罗森塔尔效应"去联想，那将是让人多么后怕的事情啊！

开展"三个一"送教到校活动，是关爱留守儿童的项目内容，在实施的过程中决不作秀，自己心中有留守儿童就够了。我们从来不贴"留守儿童"标签，不戴任何有色眼镜，在这样的教育生态条件下，让留守儿童和非留守儿童同时受益，才能体现教育的真谛！

四、要始终把握关爱留守儿童的重点、尽力突破心理关爱的难点

以问题为导向，关注留守儿童（个体）的生存、学习状况，帮助解决他们遇到的难题是必需的，但从整体上，一定要把握心理（精神）关爱这一重点。

心理关爱的难点，是学校广大教师心理健康教育意识的增强，心理服务方式方法的优化。当前心理健康教育知识在农村中小学的普及率很低，教师一般只重视语文和数学等学科，面对学生出现心理问题的迹象，很多教师往往意识不到，即使意识到了也感到束手无策，不知道怎样帮助他们，这凸显了对留守儿童进行心理关爱的难点。

要突破难点，必须增强学校教师心理健康教育的意识，真正优化学校心理辅导员和全体教师在教育教学过程中贯穿心理健康教育的能力，这不是单纯依靠少数专家和职业资格心理咨询师在房间里的苦思冥想就能够实现的。当前农村中小学心理健康教育工作的开展，从整体上看，还基本停留在"应付检查"的层面，心理辅导员没有专职的编制，教师兼职心理辅导员的费用低或者没有，心理辅导活动课难得进课表，等等。

把这些作为一种文化现象来考察，就不会简单地认为是教育行政部门不作为，而是应该与心理卫生工作在我国的发展历史短暂有关，也与农村整体的文化状况、文化氛围、文化思维有关。有的农村孩子出现焦虑、抑郁等状况，家长特别是爷爷、奶奶首先是请"玄学先生"去"治疗"，真是有点搞笑，但没有办法，这是事实。

在这样相对滞后的文化氛围中，农村中小学心理健康教育工作的"应付检查"现象完全可以理解，但相信在"应付检查"的促进过程中，会让心理健康教育文化逐渐生长，会不断地走向美好。

当然，我们也不能等闲视之，要充分发挥主观能动性，利用现有的资源，为农村中小学教师心理健康教育培训添砖加瓦。政府出资，社会各界支持，以点带面，逐步推进，澧县心理咨询师协会和青少年校外活动中心、澧县少年宫精心策划，协助县关工委、教育局等机构于2016－2018年连续三年举办留守儿童心理辅导员培训班，从2019年开始，创造性地开展关爱留守儿童"三个一"送教到校活动：一堂面向学生的心理辅导活动课，一堂面向教师的心理健康教育科普课，一堂面向家长的亲子心理辅导课，产生了1＋1＞2的整体协同效应。

五、挖掘"留守"本身所蕴含的积极因素，培养积极心理品质

毛泽东同志在《矛盾论》中指出："唯物辩证法认为外因是变化的

条件，内因是变化的依据，外因要通过内因而起作用。"外因是事物变化的条件，但要通过内因起作用，可见外因与事物的变化不是直接的线性关系。留守儿童的"留守"是一种社会性的客观存在，是外因，与留守儿童的心理健康状况没有直接"深入"的因果关系，必须经过"内因"的思考决定"取向"。这不仅是留守儿童群体不另类的哲学基础，也是挖掘"留守"蕴含积极因素促进他们发展的现实依据——留守儿童自身层面的积极因素就是他们心理发展的内因。

当前我国对留守儿童自身层面潜能的开发研究比较薄弱。因此，笔者带领志愿者团队，扎根我国传统文化中人本主义的"以人为本"，西方人本主义心理学的文化精髓，体现积极心理学的合理内核，尝试运用以下三种途径（方式、方法）挖掘（调动）儿童积极因素的可视化操作：一是开设体现"四性"（主体性、活动性、生成性、开放性）的"互动式"心理辅导活动课；二是开展"陪伴式"个别心理辅导，包括"扮亲人"的亲情陪伴、强化积极情绪的发展陪伴、叙事（故事）倾听的健康陪伴；三是对家长进行"针对式"的亲子心理辅导，内容主要体现为"提高抗挫力、增强沟通力、智慧陪伴"等元素。

抓住"留守"这个契机，充分发挥留守儿童自身的主观能动性，引导他们学会独立自主，培养独立生活的能力，培养具有希望、自信、乐观、韧性、奋发图强、不断进取的积极心理品质，才是留守儿童心理援助的康庄大道！

总之，我们既不能无视留守儿童的客观存在，也不能坐视留守儿童的心理发展，更不能漠视他们心理发展的内在需求。

第四节　国家关工委顾秀莲主任批示：值得学习和推广

澧县关工委

编者按： 国务院颁发的《关于加强农村留守儿童关爱保护工作的意见》，以及地方政府发布的相关文件，是关爱留守儿童、开展留守儿童心理援助的"方向标"。这篇文章所叙述的值得学习、推广的"双龙经验"，缘起于2012年，中华儿慈会"童缘"《留守儿童心理援助》项目落户澧县（项目基金3—64），澧县双龙乡中心小学参与其中，建立示范性的"留守儿童心理援助站"；紧接着，相关县直机构提供资金支持，将"心理援助站"建设成具有"五室"活动平台的心理健康教育中心；挂牌为双龙乡留守儿童工作站，澧县关工委将其总结为"双龙经验"。2014年6月11日，县委、县政府在双龙乡召开关爱留守儿童工作现场会，全面推广双龙经验。双龙经验中的"政府主导、学校承办、部门协作、社会参与"的长效机制具有宏观启迪意义；心理健康教育中心"五室"活动平台建设，特别是其中的亲情交流室，极具微观"操作"价值。双龙经验是政府的科学决策、万众一心的力量汇聚、集体智慧的结晶，也是应用心理学、社会心理服务最美好的存在，拓宽、丰厚了开展留守儿童心理援助的基本认知。

2016年10月30日，国家关工委顾秀莲主任批示："澧县关工委创建留守儿童工作站的做法和经验很好，值得学习和推广。领导重视、部门支持、社会参与，已形成凝聚合力、发挥各方优势、齐抓共管的好局面。创品牌、抓载体、创新模式，构成长乐园，使关爱留守儿童建立长效机制，促使他们健康成长成才。望继续努力，把工作越做越好。"

湖南省关工委呈送给顾秀莲主任的《精神与物质共济，爱心助梦想同飞——常德市澧县关工委留守儿童工作站做法》一文，于2016年11

月 29 日，在中国关心下一代工作委员会网站发表。文章中说，2012 年伊始，县关工委在双龙乡进行留守儿童工作站试点；2014 年，县关工委认真总结"双龙经验"并报县委研究，决定由县委、县政府牵头，县关工委主导，各级党政部门配合，社会力量参与，在全县范围内推广"双龙经验"，全面创建留守儿童工作站。通过三年的努力，我们依托留守儿童工作站开展了一系列活动，关爱帮扶了一大批留守儿童。

一、关于"双龙经验"，需要从源头说起

"双龙经验"的源头是双龙乡留守儿童心理援助站，继而是留守儿童工作站的"五室"平台建设。2012 年 7 月 31 日，澧县心理咨询师协会签约承接中华儿慈会留守儿童心理援助项目，于 9 月 19 日在澧县双龙乡双龙中心完小建立"留守儿童心理援助站"。

"童缘"项目负责人杨铮传强调实施要求

双龙乡地处湘鄂边界丘陵山区，留守儿童的比例高达 64％以上，留守儿童心理援助站的建立，得到双龙乡党委、政府的大力支持。紧接着，县关工委和县政法委、县教育局、县妇联在双龙乡办留守儿童工作试点，在"留守儿童心理援助站"的基础上，挂牌"双龙乡留守儿童工作站"，双龙乡镇成立留守儿童工作领导小组，党委书记任组长，中心完小校长胡生平同志兼任留守儿童工作站站长。

胡生平校长是一位国家职业资格心理咨询师，参与过澧县中小学生

心理健康状况调查研究等，深知"心理援助"是留守儿童工作站的一项重要工作，必须抓紧落实，特聘心理学特级教师杨铮传担任指导老师，精心策划、建立双龙乡留守儿童工作站心理健康教育中心，建设"五室"活动平台：办公室（兼接待室）、个别心理辅导室、标准版的沙盘游戏治疗室、情绪宣泄室、亲情交流室。亲情交流室有两部电话和三台电脑，便于在校寄宿的孩子与家长通电话或视频交流。

以上各室都有相应的工作制度和活动记录，管理服务到位。2013年《中国火炬》第12期，刊载了澧县关工委的《真诚关爱结出丰硕果实》文章，其中就有双龙乡留守儿童工作站的部分经验介绍。

二、全面总结、推广"双龙经验"

"双龙经验"的社会性支撑，是构建澧县留守儿童工作站建设的长效机制。2014年5月21日，县关工委和参与双龙乡办点的县政法委、教育局、计生局、妇联的负责人，双龙乡党委政府的领导和留守儿童工作站的负责人一道，全面分析和总结双龙乡留守儿童工作站的成功经验，大家形成共识，建议在全县推广，上报县委、县政府得到肯定、批准。双龙乡留守儿童工作站的基本经验有四条：一是党政领导牵头。成立乡镇留守儿童工作领导小组，由乡镇分管关工委工作的负责人任组长，相关部门单位为成员单位，形成齐抓共管的凝聚力；二是学校具体承办。双龙乡留守儿童工作站就设在该乡中心小学，由校长兼任留守儿童工作站站长。这是考虑到留守儿童有四分之三的时间在学校里学习、生活，学校是开展关爱活动的主阵地。还有四分之一的时间在农村家里，几个村连片建立分站，在村里建立联系点，由村组干部和"五老"同志与他们结对关爱，实现关爱活动的全覆盖；三是部门协作共建。聚集乡镇有关站、所、室的资源，支持留守儿童工作站的工作；四是社会广泛参与。动员社会各界的力量、广大爱心人士和"五老"同志，积极参加各种关爱活动。

双龙乡留守儿童工作站的做法得以在全县推广，澧县留守儿童工作站的建设，"政府主导、学校承办，部门协作，社会参与"长效机制的建立，都是政府的科学决策、万众一心的力量汇聚、集体智慧的结晶。

2014年6月11日，县委、县政府在双龙乡召开关爱留守儿童工作现场会，全面推广"双龙经验"。县委副书记、县关工委主任陈爱喜，县委常委、政法委书记童成振和县关工委常务副主任羿世淦等老领导出席会议。参加会议的有6个乡镇和4个街道办事处的关工委主任，10个县关工委成员单位的负责人和建设留守儿童工作站的10所学校的校长。会议的主要议程是参观双龙乡留守儿童工作站，听取双龙乡党委政府和双龙乡留守儿童工作站的经验介绍，县关工委常务副主任羿世淦围绕全县推广双龙经验的主题做中心发言，县委副书记、县关工委主任陈爱喜和县委常委、政法委书记童成振发表重要讲话，要求各级党政组织加强领导，部门单位大力支持，社会各界积极参与，加快推广双龙经验的步伐，迅速开创澧县关爱留守儿童工作新局面。在这次现场会上，陈爱喜书记要求县关工委承担起全县关爱留守儿童工作的协调督导工作任务。这次会议的一项重要成果，就是明确县委组织部、宣传部、政法委、老干局、财政局、教育局、民政局、计生局、县妇联、团县委等10个县关工委成员单位分别与澧浦、澧西、澧阳、澧澹等4个街道办事处和澧南、涔南、永丰、雷公塔、大堰垱、甘溪滩等6个乡镇结成协作对子，在10所重点学校建设高标准的留守儿童工作站，为全县全面推广双龙经验发挥示范作用。

2015年县关工委在继续抓好巩固已建留守儿童工作站的同时，动员县委办、县人大办、县政府办、县政协办、县司法局、卫生局、人社局、总工会、电视台、残联等10个县关工委成员单位与张公庙、大坪、道河、澧东、车溪、小渡口、官垸、梦溪、王家厂、码头铺等10个乡镇结成协作对子，再建10个高标准的留守儿童工作站。进一步建立健全留守儿童工作组织网络，努力提高留守儿童工作站开展关爱活动的水平。到 2016 年，全县所有乡镇、街道办事处全面完成建设留守儿童工作站的任务，全面建立、健全关爱留守儿童的组织网络体系，全面提高开展关爱活动的水平。

澧县关爱留守儿童工作现场会在双龙乡如期召开

三、"双龙经验"的诞生，具有肥沃的应用心理学土壤

澧县留守儿童工作站"活动平台"建设的"五室"，除办公室以外，心理咨询室、沙盘游戏室、情绪发泄室、亲情交流室，都是心理辅导的"科室"，是一幅应用心理学走向田边地头、服务社会热点难点的动人画卷。特别是亲情交流室，不是异想天开，而是弥补留守儿童亲情缺失的"临床心理学"的独特创造，具有"天时、地利、人和"等诸多因素，不得不提。

从 2005 年下半年开始，澧县在中小学区域性开展心理健康教育，地处湘鄂边界偏远丘陵山区、教育资源缺乏的双龙乡中心小学，把"开展心理健康教育，优化教育教学方式方法"作为提高学校教育教学质量、提升学校品牌的突破口。学校积极派员参加县里的相关培训，利用校本课程开设心理辅导活动课，先后承担应用心理学常德市"十五"课题《家庭教育对学生心理健康的影响研究》、湖南省教育科学"十一五"规划课题《家庭教育方式对农村小学生心理健康影响的研究》。时任校长胡生平说"不能外行领导内行"，他本人参加市级培训，获得国家职业资格心理咨询师认证，同时拜杨铮传为师，定期请他来学校开设讲座，现身说法。

在推广双龙经验的预备会上，杨铮传老师简介了"留守儿童不另类"的实证研究成果，从理论联系实际表明："留守儿童群体，既不是问题儿童，也不是特困儿童，关爱留守儿童的重点，不是物质层面的给予，而是心理（精神）关爱，促进他们身心发展；心理关爱要放在常态的教育条件下进行，不贴标签，所有的留守儿童工作站要建在学校，学校教育起主导作用；关爱留守儿童的难点在于学校教师读懂留守儿童、教育教学观念的更新与方法的优化……"

与会代表对此表示高度认同，县关工委聘请他担任澧县留守儿童工作总站副主任，配合县教育局抓好心理咨询教师的培训与配备工作，以尽快满足全县留守儿童对心理辅导的需要。

2015年8月6日，澧县政府办组织召开座谈会，找到了心理关爱难点的突破口。新一届澧县关工委常务副主任王忠文同志身体力行，全力推动连续三年举办留守儿童心理辅导员实务培训班，持续开展学校心理健康教育"三个一"送教到校创造性活动（参见第四章第四节）。

时势造英雄。"双龙经验"在特定的历史背景和文化条件下形成，是群策群力、集体描绘的巨幅画卷，它植根于深厚的文化土壤，从孕育、诞生、发展、成熟到熠熠生辉。

亲子分离的"留守"现象，无论在农村还是在城市，将永远不会消失，也许还会以"特别的方式"凸显，"双龙经验"能拓展人们应对的思维触角；作为应用心理学区域性的文化积淀，将给心理服务工作者带来深刻的启迪！

第二章

留守儿童心理援助"童缘"项目

澧县励志家园是全县集中供养资助孤儿和特困生的慈善机构。对于励志家园收养的孩子，特殊的家庭环境给他们幼小的心灵蒙上了心理阴影，他们当中大多存在恐怖、自卑、性格孤僻等心理问题。为了帮助这些孩子化解心理问题，促使他们健康快乐成长，澧县青少年校外活动中心把心理辅导纳入励志家园管理工作的议事日程，在励志家园建设心理辅导阵地，构建心理辅导网络，开展心理调查，建立心理档案。从积极心理学的角度，运用心理辅导的专业技术，有目的、有计划地对孩子们开展形式多样的心理辅导，产生了十分理想的效果。

　　由于积累了对湖南澧县励志家园特殊留守儿童进行心理帮扶的经验，加上澧县青少年校外活动中心、澧县少年宫的鼎力相助，中华儿慈会"童缘"留守儿童心理援助项目落户澧县，超前建立第一个农村留守儿童工作站。"童缘"取"与童有缘、与善结缘、与众共缘"之意，目的在于"以助童之心，聚公益之力，为儿童造福"。

　　实施留守儿童心理援助项目，得到了澧县县委宣传部、教育局、县团委等单位的大力支持，明确了留守儿童心理援助多层次统一的长期目标、具体目标，以及衡量指标；建立澧县留守儿童心理援助指导中心，在平原、丘陵、山区建设留守儿童心理援助站，开展"留守儿童不另类"实证研究，落实团体心理辅导和个别心理辅导培训，编印《留守儿童心理援助团体心理辅导设计》读本，举办留守儿童个别心理辅导案例报告会，以及家长（监护人）亲子心理巡回讲座，等等。

　　2013年底，"童缘"项目高标准结项，随即进行成果推广，这是留守儿童心理援助"量"的接力长跑，《澧县励志家园孩子的心理辅导实践与思考》《心理辅导助力"家园孩子"雏鹰展翅》则是童缘项目"质"的社会性表达。

第一节　中华儿慈会"童缘"项目落户澧县

2012 年 7 月 31 日上午，中华儿慈会"童缘"第三期资助项目网上签约仪式如期进行，"童缘"项目中唯一的一个留守儿童心理援助项目在澧县少年宫演播大厅隆重签约，落户澧县。

中华儿慈会"童缘"资助项目，取自"与童有缘、与善结缘、与众共缘"之意，目的在于"以助童之心，聚公益之力，为儿童造福"，主要针对无人监管抚养的孤儿、流浪儿、辍学学生、问题少年和其他有特殊困难的少年儿童开展工作，在生存、医疗、心理、技能、成长等五个方面对有需求的少年儿童实施救助。

7 月 20 日，我们接到通知："中华儿慈会'童缘'第三期资助项目，经专家委员会评议和理事会审定，澧县（湘北）心理咨询师协会申报的留守儿童心理援助项目，被确定为第三期'童缘'资助项目，资助金额为壹拾万元整。"签约仪式形式确定为"网上签约"，签约的具体时间定在 2012 年 7 月 31 日上午 10：30 准时开始。

签约仪式在澧县少年宫的演播厅隆重举行。会场巨幅喷绘"中华儿慈会'童缘'第三期资助项目签约仪式"的标题十分醒目，下方写有一行"给心灵一片宁静，还生命一片绿荫"的文字，将我们的工作与社会热点紧密相连，该项目关乎留守儿童的福祉，让人兴奋、自豪，也让我们感受到了一份沉甸甸的社会责任和一往无前的推动力！

澧县县委宣传部时任常务副部长关宏日先生、澧县科学技术协会主席周绪梅女士等部门领导早早来到签约会场，澧县心理咨询师协会志愿者、澧县青少年校外活动中心、澧县少年宫的全体工作人员，怀着无比激动的心情聚集在一起，共同观看网络视频签约仪式。10 点 30 分，澧县留守儿童心理援助项目负责人与北京"童缘"项目组领导，分别在

《协议书》和《承诺函》上同步签约，此刻，全场响起了热烈的掌声，经久不息！

项目助理李桂芝女士宣读《协议书》，介绍"童缘"第三期资助项目申报评议公正、公平、公开的过程，对留守儿童心理援助项目申报"时长半年、一波三折"的说明，让人倍感不易。"童缘"三期资助项目，在搜狐公益"童缘"资助项目申报页面上按照要求申报；电子版传到搜狐公益网，纸质版寄到中华儿慈会"童缘"项目办公室；全部申报项目在搜狐公益网上公示，并送交"童缘"资助项目评审委员会进行初评和资质认定，然后进入专家评审阶段（专家评议和面试相结合），评审结果在搜狐公益网上公示。

项目负责人杨铮传的发言鼓舞人心

在签约仪式上，笔者重点阐释了留守儿童心理援助多层次统一的长期目标、具体目标，以及衡量指标，饱含着对留守儿童的关爱之情，饱含着对应用心理学事业的挚爱之情。

长期目标：促进社会各界重视留守儿童的心灵成长，优化澧县留守儿童心灵成长的社会氛围；建立家庭、学校和社区相结合的心理援助网络体系；优化留守儿童的生活心理、学习心理、人际心理、情绪心理、个性心理和性心理。

具体目标：提高留守儿童自觉维护心理健康的意识；增强留守儿童的心理承受能力；减轻留守儿童的负面情绪；化解留守儿童的心理问题；促进留守儿童人格健全发展。

衡量指标有定量和定性之分：定量指标，包括建设澧县留守儿童心理援助指导中心，六个留守儿童心理援助站等；定性指标，包括留守儿童自觉维护心理健康意识水平的提高，留守儿童心理承受能力的增强，留守儿童负面情绪的减轻，留守儿童的心理问题得到缓解或解决，留守儿童健全人格的发展。

笔者认为，我们不仅要树立目标意识，为实现预定的目标而努力，而且要开展相关的实证研究和行动研究，这使我们的工作具有理性思考的根基，使我们的经验具有应用推广的价值，以点带面、逐步推进，向周边区（县、市）发散，争取走向全国，在全国推广，让千千万万的留守儿童和非留守儿童受益！

项目执行组长杨军模组织学习《承诺书》

项目执行组长杨军模先生是澧县青少年校外活动中心时任执行主任、澧县少年宫的法人代表，特别热心于少年儿童的公益事业，对澧县励志家园一群特殊的留守儿童非常关注。他宣布项目人员分工，重点解读《承诺书》中的核心内容，让我们明确工作规范：严格遵守与中华儿慈会签署的项目合作协议和项目实施方案细则；在执行项目过程中要遵守国家相关法律法规，遵守项目要求和相关制度，不违规操作；按照中华儿慈会的财务要求，在收到拨付的公益项目善款后，及时提供正规票据，并严格按照儿慈会相关财务制度、项目资金预算执行，保证资金不挪作他用；按照第三方（瑞德森）评估机构要求，按时上报项目财务支出情况，如有实施计划方面的变动，提前一个月进行书面报告，获得批准后方可更改；按照项目办公室的要求，每月 1 日至 5 日用简报形式汇报当月项目进展情况；项目结束后，按照项目统一要求，保证做出项目自评报告上报"童缘"项目办公室；在项目执行中，未经"童缘"项目办公室许可，不在执行公益项目中宣传、推荐、销售无关商品，如需儿慈会捐款平台，一定事先报备，获得批准后再实施，等等。

澧县县委宣传部时任副部长关宏日发表热情洋溢的讲话

最后，关宏日先生代表澧县县委宣传部发表了热情洋溢、鼓舞人心的讲话，他说："留守儿童是在农村城镇化过程中出现的特殊群体，从2005 年起引起了社会各界的关注，澧县心理咨询师协会从 2009 年开始对澧县励志家园一群特殊的留守儿童进行心理关爱、心理辅导，积累了实际工作的经验，这次成功立项是对我们工作的肯定，也是鞭策，我们要抓住这次机遇，把留守儿童心理关爱、心理援助的工作做好，不仅仅完成项目书上预定的工作目标，正如项目负责人杨铮传教授所说的，争取惠及全国的留守儿童！"同时他对参与项目的所有志愿者表达了感谢之情，并表示以后一定尽力支持项目组的工作。

签约仪式在掌声中落下帷幕。当晚，澧县电视台对其进行了报道，紧接着澧县新闻网、澧县教育新闻网等 19 家媒体先后进行了报道，在全国范围内引起了强烈反响。

第二节　澧县首个留守儿童心理援助站挂牌成立

2012年7月20日，火红的太阳照耀着澧县的山山水水，到处呈现勃勃生机。县城近郊，地处青山脚下、澧水河畔的澧南镇南坪村村部一片喜庆氛围，澧县农村留守儿童心理援助站启动仪式在这里进行，澧县首个农村留守儿童心理援助站——澧南镇张家滩留守儿童心理援助站挂牌成立。

细心的读者可能发现并心生疑问，中华儿慈会"童缘"留守儿童心理援助项目在7月31日才签约落户澧县，"启动仪式"却提前了10天，"启动仪式"横幅上也没有中华儿慈会的徽标。是不是写错了，或者是疏忽？其实既没有写错，也没有疏忽，但说来话长。

2009年8月28日，澧县励志家园正式开园。澧县励志家园建在澧县少年宫院内，是政府鼎力支持，由县慈善总会、民政局、教育局、青少年校外活动中心、少年宫联合协调创办，将一群孤儿或者特困儿童（特殊的留守儿童）集中供养，使其就近入学，号召爱心人士资助孩子们完成九年义务教育。2010年3月，笔者与李桂芝、谭勇健、胡生平、杨敏、皮新宇、陶成兵等一批心理咨询师志愿者，利用周末对励志家园的孩子进行"团体心理辅导"和"一对一"个别心理辅导。2010年7月23日，湖南卫视公共频道实地采访，后于8月1日在《爱心来了》栏目播出。2011年4月29日写出的经验总结文章《澧县励志家园孩子的心理辅导实践与思考》引起反响，荣获全国校外教育优秀论文二等奖。励志家园的孩子是一群特殊的留守儿童，整个澧县的留守儿童数以万计，全国的留守儿童数以千万计，他们需要心理辅导、心理援助。

澧县心理咨询师协会从成立之日起，一直把对澧县励志家园一群特殊留守儿童的心理关爱放到协会工作的首位，并将此项工作向四面八方扩散，并不是为申报"童缘"项目才做这项工作，而是开始做起来了才遇到申报立项的机会，更不是批准立项就做，而是没有批准、没有经费资助也要做。这样的决定与决心，离不开杨军模先生的支持。杨军模先生不仅是澧县教育局的二级机构——青少年校外活动中心的时任执行主任，也是全国示范性校外教育机构澧县少年宫的法人代表。他担任澧县心理咨询师协会荣誉理事长，竭力支持澧县心理咨询师协会成立，为协会提供住所、提供开展活动的经费。2011 年春，澧县少年宫组织人力、物力，斥资 3 万多元，与澧县心理咨询师协会共同承办大型心理卫生科普巡展，在全县各地巡回展出，产生了非常好的社会效益。

杨军模先生具有智慧的眼光和博大的胸怀，2008 年就在他创办的澧县少年宫建立了心理咨询室，而且极具爱心，力主引进心理咨询师团队为澧县励志家园一群特殊留守儿童开展心理辅导。杨军模先生担任留守儿童心理援助项目执行组长，他说："'童缘'项目能申报成功，有经费资助当然好，如果没有批准，澧县少年宫自主立项、自筹经费，也要把留守儿童心理援助项目搞起来！"

我们决定，无论"童缘"项目获批与否，都要抓住暑假留守儿童居家的"空当"时机，尽早以建立第一个留守儿童心理辅导站为"灯塔"，启动留守儿童心理援助工作，然后面向全县，"以点带面，逐步推进"。7月上旬中小学放暑假，"启动仪式"的时间就定在 7 月中旬，这与"童缘"项目审批不矛盾，如果在获准立项之前，启动仪式会标则不冠以"童缘"之名，如果启动仪式之后"童缘"项目获批了，那更是皆大欢喜。因为"童缘"项目实施要求非常高，由第三方瑞德森机构监督执行，必须每月上传工作简报，三个月上传季度总结等，我们提前行动，岂不是更好！

天时地利人和，第一个留守儿童心理援助站，我们选址"张家滩"。张家滩是一个比较热闹的农村集市，位于澧南镇南坪村、邢市村、兴隆村、新渡河村、双荷村、乔家河社区、中湖村等村庄的地理中心位置，交通方便，四通八达，该区域的留守儿童比较多，适合建留守儿童心理辅导站。澧南镇党政领导大力支持，时任张家滩南坪村的党支部书记李振华对留守儿童心理援助工作非常热心，他的妻子李桂芝时任澧县心理咨询师协会副理事长，主动请缨担任张家滩区域留守儿童心理援助志愿者责任人，夫唱妻和，实在是美美的事情。

万事皆备，只欠东风，启动仪式的时间定在 7 月 20 日。为准备这一天的活动，项目执行组长杨军模先生没有少费力气，联系相关单位、准备各种物资……到 19 日上午，一切准备就绪，南坪村村部焕然一新，供留守儿童寒暑假集中学习的课桌椅整整齐齐，供孩子们娱乐的乒乓球桌等设备设施井然有序，巨幅喷绘"关爱留守儿童的人身安全""关注留守儿童的心理健康"的横幅，彰显留守儿童心理援助志愿者的大爱之心。

7 月 18 日晚，我们在网上看到了澧县留守儿童心理援助项目入选第三期"童缘"项目的公告，大家欢呼雀跃，奔走相告。巨幅喷绘的启动仪式的横幅已经制成，上面没有中华儿慈会的会徽，硬是要重新制作加上"童缘"标识也还来得及，但我们考虑还没有正式签约，还是严谨一点的好，最终保持原样。

20 日上午 9 时，澧县教育局、团县委、澧南镇政府、张家滩各村委会、澧县青少年校外活动中心、澧县少年宫、澧县心理咨询师协会各方人士，共同见证了澧县第一个留守儿童心理援助站授牌暨留守儿童心理援助项目启动仪式。

启动仪式由县教育局基教股的时任副股长覃道和主持，他盛赞澧县心理咨询师协会切入社会热点，开展留守儿童心理援助的重要意义，少年强则中国强，对各位志愿者的"绵绵用力，久久为功"给予充分的肯定，对参加启动仪式的留守儿童寄予深切希望，勉励他们"好好学习，天天向上"。

澧县澧南镇团委书记欧阳成功在启动仪式上发言，表示一定按照援助的要求开展对留守儿童的身心保健工作。时任团县委书记马宏金做重要讲话，说明了对留守儿童进行心理援助的重要性和必要性，要一如既往开展这方面的工作。笔者作为项目负责人，和志愿者代表分别发言，表达了对留守儿童进行心理援助的信心和决心。

心理咨询师志愿者和张家滩部分留守儿童合影

授牌仪式结束后，留守儿童心理援助项目助理、留守儿童心理援助志愿者李桂芝老师给南坪村部分留守儿童进行了以"畅想未来"为主题的团体心理辅导，孩子们表示今后将更加积极、乐观、自信地面对学习和生活，愉快地交往，健康快乐地成长。

青山巍巍，澧水悠悠。"童缘"项目第一个留守儿童心理援助站的提前建立，拉开了澧县留守儿童心理援助的序幕，得到了政府部门的重视和社会各界的广泛关注、大力支持，湖南省常德宽频对启动仪式活动录制播放。

此外，澧县新闻网、澧县科协网、澧县教育信息网、常德教育网、常德日报、常德农经网、湖南法治、湖南省科学技术协会网等众多媒体对此次活动也进行过报道，产生了一定的社会张力、社会影响。自然，谁也不曾预料，留守儿童心理援助"童缘"项目，从高标准实施，到高标准结项，到成果的推广应用，会成为坚持12年的马拉松接力长跑，其实证研究、行动研究的操作性成果，能在中国心理学家大会全国首届社会心理服务案例评选中拔得头筹。

第三节 澧县励志家园孩子心理健康状况及心理辅导策略

谭勇健 胡生平 杨铮传

编者按： 这篇文章叙述的"采取间接的形式"，开展"周末陪护活动"，是在当时特殊的境况下，为了励志家园孩子心理健康发展不得已而为之的选择，是"陪伴式"个别心理辅导的源头。在本文中所叙述的"陪护"，到2011年上升为"陪伴"，出现"个别心理辅导——陪伴孩子成长""陪伴式心理辅导的效果非常明显"的表述，这是一次质的飞跃；经过三年的实践，2014年12月13日与澧县励志家园孩子的"手牵手"活动，冠名为"陪伴式"心理辅导。此后，持续开展"陪伴式"个别心理辅导行动研究，至2019年5月4日举办留守儿童心理援助研讨班，将实践经验上升到理性认知层面，并用案例现身说法，解读"陪伴性心理辅导的三种范式"，自此，"陪伴式"个别心理辅导正式拥有了操作性的内涵，成为业内个别心理辅导的实践说词。这是湘北地区草根心理服务工作者智慧和汗水的结晶。

这篇文章将"陪伴式"个别心理辅导"源头"的砂石不加任何雕饰，和盘托出，也许能呈现草根心理服务粗放的实践"美"，给人启发。

一、调查目的与方法

我们湘北心理咨询中心的心理咨询师志愿者，自愿无偿为澧县励志家园一群特殊的留守儿童进行心理辅导。在心理学特级教师、国家二级心理咨询师、全国心理咨询职业资格考评湖南省鉴定中心特评教授杨铮传先生的带领下，于2010年3月15日采取问卷调查法，对励志家园的孩子进行心理测评，力求弄清家园孩子的心理健康状况以及产生心理问题的原因，从而为对家园孩子进行心理援助提供依据，以便制定科学的心理辅导方案，以达到促进他们身心健康成长的目的。

调查工具：采用上海华东师范大学周步成教授主持修订的《心理健康诊断测验量表（MHT-CR量表）》，该量表具有中国常模，以适用于我国中小学生标准化的心理健康诊断测验。《MHT-CR量表》共有100个题项，包括8个内容量表和一个效度量表（测谎量表），量表的8个内容题项（学习焦虑、对人焦虑、孤独倾向、自责倾向、过敏倾向、身体症状、恐惧倾向、冲动倾向），基本反映了目前中小学生心理问题集中表现的几个方面，本量表具有较高的信度和效度。

统计标准：《MHT-CR量表》用八项因素反映学生的焦虑心态，每项标准的标准以8分为临界点，即<8分为正常焦虑，>8分为异常焦虑，八项因素标准分之和为学生的焦虑总分，故焦虑总分的临界点为64分。据此，我们选定的心理健康标准为：心理健康正常的学生没有一项因素超过8分，心理健康有问题的学生至少有一项因素超8分；焦虑总分超过64分以上者为心理健康问题较严重，已构成心理障碍，需要特别指导。

我们将调查对象24人（4~9年级学生）分为两组（4~6年级组，7~9年级组）进行调查，经统计处理，有效答卷为24份，其中四年级2人（男1人，女1人），六年级6人（男2人，女4人），七年级5人（男3人，女2人），八年级7人（男1人，女6人），九年级4人（男2人，女2人）。

二、调查结果

（1）4~9年级学生心理问题检出率

在学习焦虑、对人焦虑、孤独倾向、过敏倾向、身体状况、恐惧倾向、冲动倾向八项因素中，只要有一项超过标准分8分（异常焦虑）视为有心理问题，一项等于8分（已接近临界值）需进一步测量与辅导。

调查结果表明，正常焦虑生 14 人，异常焦虑生 5 人（单项 3 人，双项 2 人），占总检出率的 20.83％；8 年级是异常焦虑的"集中点"，有 3 人，占总人数的 12.5％；达到临界值的疑似异常焦虑生 5 人，分别是对人焦虑 2 人、学习焦虑 1 人、孤独倾向 1 人、自责倾向 1 人，占总人数的 20.83％；异常焦虑生与达临界值的疑似异常焦虑生合计 10 人，占总人数的 41.67％。

（2）4~9 年级较严重心理问题检出率

焦虑总分超过 64 分以上者为心理健康问题较严重，已构成心理障碍，需要特别指导。焦虑总分达 60 分已近临界值，需进一步测量与指导。

调查结果表明，励志家园 24 名学生有严重心理问题的有 2 人（四年级 1 人，八年级 1 人），检出率为 8.33％；已近临界值（疑似严重心理问题）的有 3 人（四年级男生 1 人，八年级男生 1 人、女生 1 人），检出率为 12.50％。

（3）4~9 年级学生心理问题分布状况

调查结果表明，励志家园 4~9 年级学生在八个内容量表中异常焦虑生在各内容量表的人次分布：恐惧倾向 4 人次，冲动倾向 2 人次，过敏倾向 1 人次；接近临界值人次分布：对人焦虑 2 人次，学习焦虑、孤独倾向、自责倾向各 1 人次。合计 10 人次，其中恐惧倾向占 40％。

三、心理辅导策略

（一）个体心理辅导

虽然在心理测评过程中，我们发现部分学生存在心理问题，但是根据个体心理咨询的基本原则，咨询师不适宜主动去找那些存在问题的学生谈话。但是，全体心理咨询师还是有必要对每一个存在问题的学生做到心中有数，因此，咨询师在与问题学生进行交流时应该采取"间接的形式"。

1. 全面了解情况

在心理测评结果的基础上，还应该通过励志家园的园长及相关老师，更深入地了解各个存在心理问题的学生的情况，如有必要还应与其监护人取得联系，深入沟通。只有这样，才能做到对每一个学生全面了解，在个别交流时才能有针对性。

2. 与学生本人接触

心理咨询的效果是建立在求助者主动求助的基础之上的，因此，我们应该通过一些间接的形式，促使学生认识到自己存在的问题以及如何寻求帮助。我们志愿者要以心理咨询师专业的眼光和普通人的心态、行为去和他们沟通。这里，沟通的形式显得尤为重要。我们建议采取主题交流会的形式进行沟通，更能集体受益。交流主题的确定要提前做好充分准备，建议通过调查、观察和作业分析等方式，与学生"接触"，了解某些存在心理问题学生的具体情况，志愿者做到心中有数，便于通过主题交流会适当引导。

给励志家园的孩子做个体心理咨询与常态情况的个体心理咨询是有一定的区别的，因为我们是长期和他们接触，而不是短期内建立咨访关系及结束咨访关系。

总之，面对个体心理咨询，对于咨询师的咨询策略的要求是非常高的，需要咨询师在交流之前做好充足的准备工作。

（二）团体心理辅导

1. 周末陪护活动

主要由周末值班老师负责，具体内容可以由当次值班老师灵活安排。建议开展活动内容如下：

（1）各类体育运动比赛：乒乓球，羽毛球，田径，滚铁环等。

（2）手工制作比赛：插花比赛，折纸，剪纸，其他手工工艺品制作等。

（3）艺术熏陶：绘画，音乐，舞蹈，武术等。如对于低龄孤儿，鼓励他们画出美好的东西，也可以鼓励他们画出自己害怕的东西。尤其是低龄儿童语言表达能力较差，无法像成人那样接受团队辅导，可以利用其形象思维能力较强的特点，通过画画帮助其整理思路，通过倾诉情绪，宣泄压力。

（4）读书会：可以引导孩子们诵读中国传统文化经典，如诵读《三字经》《中华美德贤文》《孝经》《唐诗三百首》等，接受中华传统文化的熏陶。现在有些孩子可以一口气背几十首古诗和一百多条成语，对他们的心理健康发展起到潜移默化的作用。

（5）名人故事会：举办关于中外名人的故事会，如讲述毛泽东、周恩来、牛顿、爱迪生、张海迪、雷锋、霍金等人的故事。从名人们的经历中获得生存的智慧和抗击逆境的能力。

2. 月工作总结会

每月月末对本月活动进行阶段性总结（或者每月月初对上月活动进行阶段性总结），由本月内所有参加过辅导的心理服务志愿者共同参与，对本月活动中表现好的孩子进行表彰，争取一年下来，每个孩子都有得到过表彰和证书、奖品等。通过以上形式，激励所有孩子积极上进，养成健康的心理。

志愿者谭勇健（右一）带领励志家园的孩子进行野炊活动

3. 夏令营、冬令营活动

每年度组织两次大型外出集体活动，分别在暑假和寒假进行，分为夏令营和冬令营。如进行野炊、露营训练等，培养他们吃苦耐劳的精神、团体协作及抗挫折能力。

4. 节日活动

每逢节日，以相关志愿者为主，组织各类爱心人士共同陪伴，并给孩子们赠送具有纪念意义的礼物和生活用品，让孩子们感受到社会的温暖。

5. 专题讲座

由具有团体心理辅导经验的专业心理咨询师负责组织实施，有针对性地开展如人际交往、学习压力、考试焦虑等方面的专业讲座，以及团体心理辅导活动等。

第四节　澧县励志家园孩子的心理辅导实践与思考

谭勇健　杨铮传

澧县励志家园是全县集中供养资助孤儿和特困生的慈善机构，成立于 2009 年 8 月，隶属于县慈善总会、民政局。励志家园由澧县金龙玉凤餐饮有限公司、民政局、教育局、青少年校外活动中心等单位联合协调创办，澧县青少年校外活动中心负责管理。励志家园集中供养 35 名孩子，他们当中年龄最小的 7 岁、最大的 15 岁，其中包括 26 名孤儿，占 74.3%；9 名特困生，占 25.7%。这些孩子全部来自农村或偏僻山区，他们的家庭均极其困难，其中大部分孩子从小失去父母，成为孤儿，由爷爷、奶奶、外公、外婆或其他亲戚照看；有的孩子虽有单亲，但他们的单亲均失去了劳动能力，或身体有疾病，或精神有问题，家庭难以支撑，生活难以为继。目前，励志家园为这些孩子提供了优良的学习、生活条件，吃住在励志家园，小学生在澧县第一完全小学就读，初中生在澧县城关中学就读。但特殊的家庭状况已经给他们的心理蒙上了阴影，相当一部分孩子还存在着这样或那样的心理问题。孩子的发展包括身心两个方面，从某种意义上讲，心理健康发展尤为重要。在反复思考的基础上，我们决定把心理辅导纳入励志家园管理工作的议事日程，作为引导孩子们身心健康发展的"加速器"。实践证明，心理辅导已经产生了良好的预期效果。湖南卫视公共频道等各级媒体做过深度报道。下面是我们的实践与思考。

一、建设心理辅导阵地，构建心理辅导网络

与一般来访者的心理辅导相比较，针对励志家园的孩子的心理辅导具有特殊性，因为励志家园的孩子，他们的心理问题比较突出，心理辅导工作相对集中，工作量非常大。所以，不是临时请几位心理咨询师来帮助一下，或者一个疗程就能解决问题，必须建设自己的心理辅导阵地，建立自己的专业志愿者队伍，构建心理辅导网络，使心理辅导成为我们引导励志家园的孩子快速健康成长的共同工作。

1. 组建心理咨询志愿者队伍

湘北心理咨询中心是澧县青少年校外活动中心的下属机构，他们紧密配合，于2009年下学期，与励志家园的建立同步，组建了一支以心理学特级教师、国家二级心理咨询师、全国心理咨询职业资格考评湖南省鉴定中心特聘教授为核心的心理辅导志愿者队伍。所有的志愿者都具有心理咨询师的国家职业资格，而且以签约的形式进行了遴选。约规内容包括工作态度、工作职责等，其中第一条就是"为励志家园的孩子提供义务的心理辅导服务"。为了确保心理辅导工作到位，我们对志愿者进行动态管理。对每个志愿者的工作定期进行督导评估，不断提升他们的服务水平。同时考虑志愿者的实际情况，适时轮换或补充新的合适人

选。第一批志愿者心理咨询师 10 名。

2. 建设心理辅导工作阵地

为了更好地为励志家园的孩子提供专业化的心理健康教育和心理咨询服务，我们在励志家园内设立了团体心理辅导室和个别心理辅导室，以及心理咨询师办公室兼接待室。个别心理辅导室配备有软件测评系统、意象对话和催眠治疗的相关设施；团体心理辅导室有多媒体设备等；办公室配备了现代化的办公设备。这些建设为励志家园孩子进行心理辅导提供了硬件条件，同时也极大地调动了志愿者服务的积极性。

3. 构建心理辅导的立体网络

心理问题的化解是一个动态的过程，心理成长也是一个连续的过程。这两个过程都离不开"场"的优化。因此，必须建立对励志家园的孩子进行心理辅导的立体网络与长效机制：一是建立志愿者服务心理辅导目标体系。为此，我们制定《澧县励志家园学生心理辅导总体方案》作为实施心理辅导的指导纲要，在此基础上，每个学期又制订具体的心理辅导计划，确定个体发展心理辅导的重点，以及团体心理辅导的具体内容。二是建立三个方面的心理辅导网络联系：心理咨询师志愿者与励志家园的领导及管理工作人员、励志家园孩子原生家庭的监护人或者委托人、励志家园孩子所在学校的老师紧密联系。这样，心理咨询师志愿者就能及时而全面地掌握励志家园的孩子学习、生活、心理等方面的状态，大大增强心理辅导的针对性和实效性，同时还可以从心理发展的层面，给励志家园的生活指导教师提出具体的工作建议，以便形成良好的心理辅导"场"。例如，2010 年下学期，志愿者和励志家园的孩子进行第一次"手拉手"活动之后，我们根据掌握的情况，及时向励志家园的生活指导教师提出"对学习成绩的期望值在整体上不能过高，而且要有个体适应性""对改造他们不良学习生活习惯不要操之过急，需要循序渐进"等方面的建议，均收到了好的效果。

二、开展心理调查，建立心理档案

要增强心理辅导的有效性，必须对励志家园的孩子的家庭背景、成长经历、学习成绩、心理行为等进行全面了解。所以，开展心理调查、建立心理档案十分有必要。心理调查的工作，我们采取以下三种方式进行。

1. 心理测评调查

2010年3月15日，我们采用中国著名心理测量专家、华东师范大学周步成教授主持拟订的《中小学心理测评系统》中的《心理健康诊断测验量表（MHT-CR量表）》对4～9年级24名学生进行了心理测评。其中四年级2人（男1人，女1人），六年级6人（男2人，女4人），七年级5人（男3人，女2人），八年级7人（男1人，女孩子6人），九年级4人（男2人，女2人）。测试涵盖了学习焦虑、对人焦虑、孤独倾向、自责倾向、过敏倾向、身体症状、恐惧倾向、冲动倾向等八个方面的内容。

测评结果表明：正常焦虑生14人，异常焦虑生（单项3人，双项2人）和达到临界值的疑似异常焦虑生各5人，检出率分别占总人数的20.83％，合计占总人数的41.67％，其中8年级是异常焦虑的"集中点"，有3人，占总人数的12.50％；异常焦虑生5人集中在恐惧倾向4人次、冲动倾向2人次、过敏倾向1人次；达到临界值的疑似异常焦虑生5人次，分别是对人焦虑2人次、学习焦虑、孤独倾向、自责倾向各1人次。总计10人次，恐惧倾向4人次，占总人次的40％。

进入励志家园的所有孩子都要用科学的量表进行心理方面的评估。2011年上学期，我们对励志家园1～3年级的孩子进行学习适应性测评，对新入园的4～9年级的孩子进行心理健康诊断测验。

2. 访谈及问卷调查

心理咨询师志愿者与励志家园的领导及管理工作人员、励志家园孩子的原生家庭的监护人或者委托人、励志家园孩子所在学校的老师紧密结合，通过访谈与问卷的形式对励志家园孩子的学习、生活、思想、心理情况进行深入调查。如我们在封闭问卷的基础上，以"你最大的愿望是什么""你最担心的是什么""你来到励志家园最大的感受是怎样的"为题进行开放式问卷调查，让孩子们自由表达，以真正了解他们的心理诉求。

3. 直接观察

励志家园咨询师志愿者每人都有一个工作记录本，专门记录孩子们在开展团体心理辅导活动中表现出来的心理行为状况，定期整理后归入档案。这样的材料真实可靠，既可以与心理测验、心理问卷调查的结果相互佐证，又可以丰富我们对孩子心理发展的感性认识，还可以作为心理辅导效果评估指标，可谓一举三得！

以上三种方式，不仅让我们掌握了励志家园的孩子心理发展"量"的指标，而且掌握了他们心理发展"质"的状况：

（1）部分孩子的家庭哀伤事件的负面情绪仍然影响着他们的成长；

（2）在了解学生的心理需求时发现，初中生在学习方面有些担忧，平常表现得有些焦虑，对考试有恐惧。他们渴望能进入澧县一中继续学习，更渴望在励志家园里继续生活直到长大成人；

（3）少部分同学不愿意自我表达，比较自闭，对自己的优势认识不清，自我认同感较差；

（4）小学生中有部分学生感到孤独，在学校里、家园里没有知心朋友；

（5）他们觉得双休日学习和特长培训安排得太紧，压力很大；

（6）他们希望经常与家里联系；

（7）他们普遍存在家庭教育缺失；

（8）为来客或慰问者表演节目感到过多或没有必要，有自我丧失感。

心理咨询师志愿者负责自己组内学生心理档案的建立与完善。心理档案包括《励志家园学生基本情况登记表》《励志家园学生心理健康测评报告》《励志家园学生个性分析报告》《励志家园学生成长记录表》《励志家园学生心理辅导记录表》等。完善的心理档案为我们开展心理辅导提供了极其重要的信息保障。

三、运用心理辅导方法，促进孩子健康成长

针对励志家园孩子们的心理特点，我们根据积极心理学的原理，采用认知引导、人本中心、精神分析、意象对话、催眠放松、绘画投射，以及活动开展等多种心理咨询技术和方法，对励志家园的孩子实施团体心理辅导和个别心理辅导，促进他们健康成长。

1. 团体辅导——激活孩子们的成长动力

团体辅导是运用团体动力学原理设计团体活动，用以预防及处理个体在各个发展阶段所面临的问题。团体心理辅导最大的优势就是参与人数多，效率高。所以，我们把团体心理辅导作为对励志家园孩子进行心理辅导的首选，做到了每月一次。

首先，我们制订了小学一至九年级团体心理辅导整体计划。整体计划中的团体心理辅导内容包括"公共部分"和"年段部分"两大块。公共部分的内容主要是对创伤事件的处理，其辅导的主要形式是图画治疗、意象对话和叙事交流等。"年段部分"包括学习心理、人际交往心理、挫折心理、感恩心理、性心理等五个方面，每个方面又根据年级差别来设计具体内容。

第二，根据实际随机设计个性化的团体心理辅导。励志家园的团体心理辅导，有别于其他的团体心理辅导课，也有别于治疗性的团体心理辅导。在执行整体团体心理辅导计划的同时，我们还根据励志家园的孩子的实际情况，及时设计适宜的团体心理辅导活动。例如，考虑心理志愿者队伍第一次与励志家园的孩子见面的实际，我们设计了"手拉手"

团体心理辅导。"手拉手"相识活动通过"接龙式"自我介绍，让志愿者与组内每一位成员相互了解。"手拉手"相识活动进一步融洽了团队成员之间的关系，为今后的团体心理辅导打下了基础。我们还结合实际，将团体心理辅导活动进行延伸：2010 年 11 月，组织孩子们看疗伤的心理电影《密阳》并分享"观后感"；组织励志家园的孩子和其他学校的孩子进行联谊活动、野炊活动、登山活动等。团体心理辅导产生了比较好的效果。孩子们的学习习惯、生活习惯、品德行为逐渐变好了，有了明确的学习生活目标，而且有一部分孩子树立了远大的人生理想。例如初中部的女生胡晴、张丽（化名）刚来励志家园时有网恋、网瘾，通过团体心理辅导，她们建立了正确的认知，现在能把全部心思放在学习和提高自己的综合能力上面。孩子们也懂得了感恩，每逢重要节日，励志家园的工作人员和辅导老师都会收到孩子们亲手制作的"爱心卡"等具有特殊意义的礼物。

2. 个别心理辅导——"陪伴"孩子们成长

励志家园的孩子经历过悲伤事件，从小缺乏亲情，来到励志家园后，胆小孤独，对爱具有强烈的渴望。对这些孩子做个体心理辅导，无论是健康辅导，还是发展辅导，我们都要考虑其中的特殊性。对一般咨询与辅导，咨询师与来访者是短期的时效性的合同关系，而志愿心理咨询师与励志家园孩子的辅导关系，将是长期的。因此，我们把对励志家园孩子进行心理咨询与辅导，定位为"陪伴孩子们成长"。即使是对心理问题严重的孩子进行健康咨询与心理辅导，志愿者咨询师也尽量做到不直接通知或者安排他们来做正规的心理辅导与心理咨询，而是在周六、周日陪伴他们的过程中"潜移默化"进行，其陪伴场地和时间都具有很大的灵活性，以免对他们产生负面强化。为了提高"陪伴式"心理辅导的效果，我们从以下两个方面努力：

首先是责任到人，分工合作。我们将励志家园里一、二年级的学生分为一个组；三、四年级的学生分为一个组；五、六年级的学生分为一个组；初一、初二、初三年级的学生各为一个组。每组有2~3位心理咨询师，分别与励志家园的不同年龄阶段的孩子建立对应的帮扶关系。周六、周日值班的志愿者咨询师首先要与励志家园的生活辅导教师联系，对本周突发急需引导的孩子，不管是不是自己的帮扶对象，都要及时进行心理帮助。

第二是定期交流，督导提高。个别心理辅导具有很强的技术性，我们组织志愿者咨询师定期交流辅导心得，同时接受督导。督导有三种形式：自我督导、同伴督导和专家督导。这三种督导形式，既能发挥每个咨询师的工作潜能，又能创造性地解决对励志家园的孩子进行心理辅导特殊性的问题。例如，怎样才能不直接通知有严重心理问题的孩子来接受辅导，又能让他们主动求助，这是一个具有挑战性的命题。通过三种形式的督导，我们创造性地解决了这个问题：根据某些存在心理问题的学生的具体情况，由咨询师收集与之有关联的故事或真实事例并编辑成小册子，然后在交流会上发给每一个学生共同分享。咨询师在每一则故事后面写上"编者按"之类的指导语。这样一方面可以使学生自己受到启发，领悟其中的道理，不断提高自己的心理素质和面对各种挫折的能力，另一方面，当学生感觉到自己的问题无法通过自己的努力去解决的时候，必然引发他们向志愿者咨询师求助。

"陪伴式"心理辅导的效果非常明显。励志家园的孩子入园前积聚的严重心理问题基本解决，一般心理问题完全化解，发展心理得到优化，社会功能全面恢复，个性发展在健康的轨道上迈步。例如，原来恐惧情绪十分严重、不敢见人、见人就哭的夏紫娟（化名）同学，在2010年湖南省彩票公益金项目慈善报告会上，竟然能够发表精彩的演讲，并深深打动全体与会代表；初中部的男生辛一德（化名）同学一改过去违纪违规、自暴自弃的状态，现在热爱学习，遵守纪律，积极向上。

励志家园的孩子是社会弱势群体的子女。在党和政府的重视、社会各界的关爱与支持下，这些孩子获得了良好的物质生活条件和教育条件。在引导他们发展的过程中，我们关注心理层面的成长，并以此为切入点深入持久地进行心理辅导工作，虽然取得了一些成绩，促进了孩子们健康成长，但离社会的要求，特别是离孩子们发展的需要还有很大的差距，我们将继续努力，争取获得更大的成绩。

第五节 心理辅导助力"家园孩子"雏鹰展翅

2016年7月25日上午，"倾听花开的声音——春蕾女童夏令营"开营仪式在北京举行，春蕾计划促进女童教育特使彭丽媛出席开营仪式，并为夏令营授营旗，勉励春蕾女童迎难而进，努力学习，早日成才。

春蕾计划促进女童教育特使彭丽媛出席开营仪式

开营仪式上，春蕾女童代表陈梓仪、迪丽胡玛尔·穆合塔尔，曾经的春蕾女童、夏令营辅导员代表房卫萍，分别讲述了她们在春蕾计划帮助下的学习成长经历，表达了对社会各界的感激之情。

春蕾女童代表陈梓仪首先发言：

我叫陈梓仪，今年13岁。今天，我怀着无比激动的心情，代表我们这群特殊的学生上台发言，在这里表达我们对中国儿童少年基金会

（春蕾计划）的叔叔、阿姨的感激之情，谢谢你们无微不至的关怀，点燃了我们梦想的希望。

我来自湖南省澧县一个偏僻的小山村，我的爸爸是个盲人，还有一个年迈的奶奶，我们的家并不富裕，甚至可以说是风雨飘摇，但是，我们一家人却生活得很快乐。可惜，快乐的日子总是很短暂，在我6岁那年，爸爸不幸患上严重的心脏病，永远离开了我。我记得，那天是邻居把我从幼儿园接回家，我看见爸爸躺在床上一动不动，我拼命地喊他，拼命地摇他，他始终没有回答。

爸爸走了，这个世界上再也没有人会叫我"姐姐"了；爸爸走了，留下了孤苦伶仃的我和奶奶，我的天空，从此变成了灰色。

直到有一天，一辆银白色的小车驶进了我的家，妇联的阿姨来了，民政局、教育局的伯伯来了，他们带来了春蕾计划的爱心，把我接到了县城里，接到了澧县青少年校外活动中心。

从此，我又有了一个家，一个温暖的新家。这个家好大好大，有爸爸一样的伯伯，有妈妈一样的阿姨，还有我们90多个命运坎坷的兄弟姐妹。"励志家园"是我们这个新家的名字。崭新的大楼、干净的操场、温馨的宿舍、现代化的学习室、励志的文化墙……

针对我们这群特殊的孩子，家园还特地请来了心理专家，为我们做细致的心理辅导，帮助我们走出阴影，消除自卑，树立自信。在这个新家，我们变得乐观向上，充满阳光；我们的脸上，写满了对生活的向往，对生命的热爱。而我自己，学习成绩一路攀升，才艺特长大有长进，多次荣获省市大奖，还成为学校里的"小明星"，从小姐姐变成了"阳光大女孩儿"。

……

陈梓仪是湖南澧县励志家园的孩子，品学兼优，艺术特长突出，2015年荣获第六届湖南省少儿器乐大赛银奖，同时参加《欢庆励志》乐队合奏获得湖南省少儿才艺大赛一等奖。

陈梓仪的发言感动了所有的与会代表，春蕾计划促进女童教育特使彭丽媛特别接见她，给予关怀与勉励。

陈梓仪在发言中特别提及"家园还特地请来了心理专家，为我们做细致的心理辅导，帮助我们走出阴影，消除自卑，树立自信"；励志家园的孩子夏紫娟作为代表，在湖南省彩票公益金项目慈善报告会上的发言同样触动人心，她在发言中也叙述了心理辅导对她的实际帮助——"使我们的心灵健康成长"。

志愿者心理咨询师团队自走进励志家园之日起，对家园一群特殊的留守儿童充满感情，希望用自己的"爱心"点亮童心，通过心理测评和"临床"观察建立心理健康档案，对他们进行心理援助，十年如一日，有年度计划、学期安排，责任到人，以 2010—2011 年为例：2010 年下学期团体心理辅导应以解决孩子自卑、孤僻、缺乏自信、冷漠等心理问题为主设计相关活动，同时考虑怎样培养孩子们的感恩意识；小学组团体心理辅导由胡生平、陶成兵、皮新宇负责，初中组由谭勇健、李桂芝、杨敏负责；将所有的责任包干到人，团体心理活动中解决不了的心理问题，突破心理咨询教科书"时间、地点"方面的条文，根据孩子的实际情况，采取"陪伴式"个别心理辅导方式进行，灵活多样，因人而异。

2010 年 7 月 23 日，湖南卫视公共频道实地拍摄澧县励志家园的孩子生活、学习的故事，对励志家园的孤儿的心理特点，以及对这批孩子开展心理援助的情况，特别采访了笔者。笔者从临床心理学的角度，对孤儿的心理特点与正常家庭的孩子进行了比较，说明对他们进行危机干预"后补"的必要性；介绍了这一年来，志愿者心理咨询师对励志家园的孩子进行团体心理辅导和个别心理辅导的过程，以及取得的良好效果。同时表示，志愿者心理咨询师将一如既往，长期跟踪，开展义务心理服务，以促使他们积极地健康成长。湖南卫视公共频道以《励志家园的故事》为题，于 2010 年 8 月 1 日晚 8 点 10 分在《爱心来了》栏目播出。

夏紫娟在发言中说,"感受着爱心的温暖……学会感恩,传递爱心,回报社会是我们学到的第一课"。她发言的题目就是励志家园的一首园歌《好好长大》。"白裙子同样无瑕,运动鞋同样潇洒,恶作剧同样调皮,枕边同样有金色的芭比娃娃。我们正快乐地长大;QQ 同样精彩,日记同样有悄悄话,书声同样琅琅,光荣榜同样有灿烂的红花。我们正健康地长大;沐浴着大爱的光华,志向会更加远大,今天厉兵秣马,明天看我们出发。我们正好好地长大。"

励志家园的孩子正在好好长大,到 2021 年 9 月为止,不少于 20 名孩子考上了大学,其中邓思敏考上湘潭大学,王苗 2021 年考上西南大学研究生。据不完全统计,有 15 名孩子就业于全国各地各领域。

第三章

留守儿童"不另类"实证研究

关爱留守儿童，需要对这一群体建立基本的价值判断。国内运用心理评估量表的研究表明，关于留守儿童是不是问题儿童的判断具有两种观点，但现实层面对留守儿童的"污名化"已成事实，好像一提到留守儿童，人们就联想到"问题"二字。

　　临床心理学表明，诊断一个人有没有心理问题，有症状标准、时间标准和严重程度三个标准，而严重程度又包括痛苦程度和社会功能是否受损。学习兴趣是社会功能的一个重要表现。如果一个人有心理问题，他的社会功能必然是不完整的。反之，如果社会功能完整，就不存在心理问题。于是在本章中精心设计避免出现文饰现象的调查问卷，开展留守儿童与非留守儿童学习兴趣的实证研究，结果显示，留守儿童与非留守儿童的学习兴趣状况没有显著差异（$P > 0.05$）。

　　研究报告《农村留守儿童学习兴趣的调查与探析》公开发表在《湖南第一师范学院学报》（2014.2），中国知网、中国学术期刊网等媒体全文收录，众多自媒体纷纷转载。湖南常德日报用一个整版以《留守儿童不另类》为题进行深层解读，中国未成年人网以《常德市留守儿童学习兴趣研究成果惠及全国》为题进行报道，引起广泛关注。

第一节 农村留守儿童学习兴趣的调查与探析

编者按： 留守儿童（群体）不另类的价值判断，源自留守儿童和非留守儿童学习兴趣"无异"的实证研究。评估一个人有没有心理问题，有三个标准：症状标准、时间标准和严重程度，严重程度包括痛苦程度以及社会功能是否受损。学习兴趣是学生社会功能的"核心"。如果一个人有心理问题，其社会功能的"核心"——学习兴趣必然受损；如果社会功能的"核心"完整，就不存在严重心理问题。这一实证研究的创新方法论（技术），在全国首届社会心理服务案例征集评选终审答辩中，评审专家均未提出异议，称其"思路正确"，使得留守儿童心理援助案例评审折桂。

一、调查目的与意义

留守儿童是随我国城镇化进程而出现的特殊群体。学习兴趣浓厚与否，直接影响学生的学习能力和学习成绩。留守儿童学习兴趣的培养与激发，受家长、学校等多方面因素的影响。当前，全社会都在关爱留守儿童，但关爱的热情似乎有湮没理性思考的趋势，不少媒体称留守儿童群体出现了"厌学""自卑"等心理问题，"在农村，很多留守儿童因祖辈管教不力，对孩子的学习产生一定的影响，造成了留守儿童的学习心理问题。其主要包括学习兴趣缺乏、学习习惯不良、学习方法不当等"[2]其中非常明确的命题就是"学习兴趣缺乏"。现实层面的留守儿童群体是否真正厌学，需要进行实际研究。笔者查阅中国知网，除个别

---

〔2〕 胡世杰，胡世容．留守儿童的学习心理浅析［EB/OL］．百度文库，2012.4.26

文章在研究留守儿童学习状态时涉及学习兴趣以外，尚未发现关于留守儿童学习兴趣状况的专项调查研究报告，自然也无从找到留守儿童这一群体厌学的实证依据。因此，中华儿童慈善总会"童缘"项目"留守儿童心理援助项目组"，把对留守儿童学习兴趣的实证调查研究作为重要内容。通过调查，真正弄清"留守"和"非留守"对孩子学习兴趣的实际影响，弄清"留守儿童"与"准留守儿童"学习兴趣的状况，弄清留守儿童学习兴趣的年级差异，以便我们对留守儿童的学习兴趣状况乃至整个心理发展做出切合实际的评估与价值判断，为对他们进行心理援助，特别是在学习兴趣的培养方面提供心理学依据。

二、调查对象与方法

方法设计

（1）设计固定反应式问卷和开放式问卷。固定反应式问卷内容包括人口学资料、父母外出打工年限、监护人和学习兴趣方面的五个等级状况。自由反应式问卷包括"喜欢的原因"和"不喜欢的原因"。

（2）避免"贴留守儿童标签"产生负面影响。固定反应式问卷人口学部分没有"留守""准留守"和"非留守"选项，而是通过学生对家长外出务工情况（父母都在家、父或母外出务工、父母均外出务工）的勾选，在统计时进行分类。

（3）本研究将父母只有一方外出打工的儿童称为准留守儿童，父母双方都外出打工至少半年的儿童称为留守儿童。同时对留守的时长考虑了三年以内和三年以上两个维度。这样界定分类，便于我们更全面地认识"留守"对孩子学习兴趣产生的影响。

（4）避免调查中出现文饰现象。设计严格的问卷调查指导语，问卷作答时不需要填写姓名，只填写年级和性别，由经过严格培训的志愿者国家心理咨询师主持调查，而且通过"指导语"告知填写者问卷不交给学校老师。

（5）调查对象

从丘陵山区和平原地区采取随机分层整群抽样的方法，在澧县3～7年级选取调查样本。有效调查样本总人数为1098人，其中留守儿童622人，准留守儿童225人，非留守儿童251人。

三、调查结果与分析

1. 留守儿童学习兴趣概况

表1　留守儿童学习兴趣概况

学习兴趣状况 / 年级（人数）	很喜欢		比较喜欢		一般		不太喜欢		很不喜欢	
	人数	百分比	人数	百分比	人数	百分比	人数	百分比	人数	百分比
三（109）	57	52.29	35	32.11	11	10.09	2	1.83	4	3.67
四（77）	50	64.94	17	22.08	8	10.39	1	0.92	1	0.92
五（125）	49	39.2	45	36	25	20	5	4	1	0.8
六（263）	78	29.66	118	44.87	59	22.43	3	1.14	5	1.9
七（48）	14	29.17	14	29.17	14	29.17	4	8.33	2	4.17
合计（622）	248	39.87	229	36.82	117	18.81	15	2.41	13	2.09

表1显示：留守儿童对学习"很喜欢"的人数占39.87%，对学习"比较喜欢"的占36.82%，两项共占76.69%；学习兴趣"一般"的占18.81%；"不太喜欢"的占2.41%，"很不喜欢"的占2.09%，两项合计占4.5%。经过统计学处理，$P < 0.05$，差异显著。

从整体上看，76.69%的留守儿童对学习的兴趣是很喜欢或比较喜欢的，属于"内动力层次"。学习兴趣处于"一般"的占18.81%，比例比较大，经过访谈，我们发现这批学生的学习兴趣处于"外动力层次"

向"内动力层次（即内驱力层次）"转化的游离空间，可塑性很强。"内动力层次"和"外动力层次"两项合计为95.5%。由此可见，绝大部分留守儿童并不厌学。

调查表明，只有4.5%的留守儿童厌学。根据全国妇联2013年6月发布的最新统计，当前全国有6000多万名留守儿童，按照4.5%的比例推断，全国有近300万名留守儿童是厌学的。采取对策解决这部分留守儿童的厌学问题是我们必须思考的重要课题。

表1中的数据还表明，留守儿童学习兴趣随着年级的上升有不断下降的趋势，7年级是"质变点"，可否说明随着年级上升，学业负担加重，学业压力增大，学习内驱力不足，因而引起学习兴趣下降。但经过统计学处理（参见表3），这种状况与"留守"无关，非留守儿童与其同质。

2. 留守儿童"留守时长"对学习兴趣的影响状况

根据父母双方连续外出打工"三年以内"和"三年以上"两个维度作为"留守时长"，旨在考察"留守时长"对留守儿童学习兴趣的影响，其统计结果见表2。

表2显示，留守时长"三年以内"的留守儿童对学习"很喜欢"的占38.28%，"比较喜欢"的占40.63%，两项合计为78.91%；学习兴趣"一般"的占17.19%；"不太喜欢"和"很不喜欢"两项合计为3.90%。留守时长"三年以上"的留守儿童对学习"很喜欢"的占42.44%，"比较喜欢"的占30.67%，该两项合计的比例为73.11%；学习兴趣"一般"的占21.43%；"不太喜欢"和"很不喜欢"两项合计占5.46%。经过统计学处理，$P > 0.05$，差异不显著。

虽然留守时长对留守儿童的学习兴趣的影响还不具有统计学意义，但我们也要看到，留守时长"三年以上"的留守儿童"很喜欢"和"比较喜欢"的比例比留守时长"三年以内"的要低5.8%，比"一般"层面的要高4.24%，比"不太喜欢"和"很不喜欢"层面的要高1.56%。

这说明"留守时长"对孩子的学习兴趣具有负面影响的倾向性。

3. 留守儿童与非留守儿童学习兴趣状况比较

表3显示：留守儿童中，对学习"很喜欢"的占 39.87%，"比较喜欢"的占 36.82%，两项合计为 76.69%；非留守儿童中，对学习"很喜欢"的占 41.43%，"比较喜欢"的占 35.86%，两项合计为 77.29%。留守儿童中学习兴趣"一般"的占 18.81%，非留守儿童中学习兴趣"一般"的占 18.73%。留守儿童中对学习"不太喜欢"的占 2.41%，"很不喜欢"的占 2.09%，两项合计为 4.5%；非留守儿童中对学习"不太喜欢"的占 3.19%，"很不喜欢"的占 0.8%，两项合计为 3.99%。留守儿童与非留守儿童学习兴趣的状况，经过统计学处理，$P>0.05$，不存在显著差异。

我们的研究结果与吴小叶的研究结果一致："留守儿童与非留守儿童的学习兴趣在每种程度上的百分比非常接近，两类儿童没有明显差异。"[3]

4. 留守儿童与准留守儿童学习兴趣状况比较

表4显示：留守儿童中，对学习"很喜欢"和"比较喜欢"的两项合计为 76.69%；准留守儿童中对学习"很喜欢"的占 34.22%，"比较喜欢"的占 36.82%，两项合计为 71.04%。留守儿童中学习兴趣"一般"的占 18.81%，准留守儿童中学习兴趣"一般"的占 23.56%。留守儿童中对学习"不太喜欢"的占 2.41%，"很不喜欢"的占 2.09%，两项合计为 4.5%；准留守儿童中对学习"不太喜欢"的占 4.44%，"很不喜欢"的占 1.78%，两项合计为 6.22%。留守儿童与准留守儿童学习兴趣的状况，经过统计学处理，$P>0.05$，不存在显著差异。

---

〔3〕　吴小叶.贵州省民族地区农村留守儿童学习状况调查分析——以黔东南苗族侗族自治州为例〔J〕.长江师范学院学报，2009.25（3）：143-147.

表2 不同"留守时长"留守儿童的学习兴趣状况

学习兴趣状况 年级(人数)		很喜欢		比较喜欢		一般		不太喜欢		很不喜欢	
		人数	百分比	人数	百分比	人数	百分比	人数	百分比	人数	百分比
三 (109)	三年以内 (47)	22	46.81	18	38.3	4	8.51	1	2.13	2	4.26
	三年以上 (62)	35	56.45	17	27.42	7	11.29	1	1.61	2	3.23
四 (77)	三年以内 (46)	30	65.22	11	23.91	5	10.87	0	0	0	0
	三年以上 (31)	20	64.52	6	19.35	3	9.68	1	3.22	1	3.22
五 (125)	三年以内 (78)	29	37.18	28	35.9	17	21.79	4	5.13	0	0
	三年以上 (47)	20	42.55	17	36.17	8	17.02	1	2.13	1	2.13
六 (263)	三年以内 (176)	56	31.82	87	49.43	29	16.48	1	0.57	3	1.7
	三年以上 (87)	22	25.29	31	35.63	30	34.48	2	2.3	2	2.3
七 (48)	三年以内 (37)	10	27.03	12	32.43	11	29.73	3	8.11	1	2.7
	三年以上 (11)	4	36.36	2	18.18	3	27.27	1	9.09	1	9.09
合计 (622)	三年以内 (384)	147	38.28	156	40.63	66	17.19	9	2.34	6	1.56
	三年以上 (238)	101	42.44	73	30.67	51	21.43	6	2.52	7	2.94

表 3 留守儿童与非留守儿童学习兴趣概况

学习兴趣状况 / 年级(人数)		很喜欢		比较喜欢		一般		不太喜欢		很不喜欢	
		人数	百分比	人数	百分比	人数	百分比	人数	百分比	人数	百分比
三(143)	留守(109)	57	52.29	35	32.11	11	10.09	2	1.83	4	3.67
	非留守(34)	21	61.76	9	26.47	3	8.82	0	0	1	2.94
四(110)	留守(77)	50	64.94	17	22.08	8	10.39	1	0.92	1	0.92
	非留守(33)	19	57.58	11	33.33	2	6.06	1	3.03	0	0
五(169)	留守(125)	49	39.2	45	36	25	20	5	4	1	0.8
	非留守(44)	21	47.73	16	36.36	6	13.64	1	2.27	0	0
六(374)	留守(263)	78	29.66	118	44.87	59	22.43	3	1.14	5	1.9
	非留守(111)	37	33.33	44	39.64	25	22.52	4	3.6	1	0.9
七(77)	留守(48)	14	29.17	14	29.17	14	29.17	4	8.33	2	4.17
	非留守(29)	6	20.69	10	34.48	11	37.93	2	6.9	0	0
合计(873)	留守(622)	248	39.87	229	36.82	117	18.81	15	2.41	13	2.09
	非留守(251)	104	41.43	90	35.86	47	18.73	8	3.19	2	0.8

表 4　留守儿童与准留守儿童学习兴趣概况

学习兴趣状况 年级(人数)	很喜欢		比较喜欢		一般		不太喜欢		很不喜欢	
	人数	百分比	人数	百分比	人数	百分比	人数	百分比	人数	百分比
三 (147) 留守(109)	57	52.29	35	32.11	11	10.09	2	1.83	4	3.67
准留守(38)	18	47.37	11	28.95	6	15.79	1	2.63	2	5.26
四 (99) 留守(77)	50	64.94	17	22.08	8	10.39	1	0.92	1	0.92
准留守(22)	7	31.82	9	40.91	3	13.64	2	9.09	1	4.55
五 (161) 留守(125)	49	39.2	45	36	25	20	4		1	0.8
准留守(36)	14	38.89	11	30.56	9	25	1	2.78	1	2.78
六 (353) 留守(263)	78	29.66	118	44.87	59	22.43	3	1.14	5	1.9
准留守(90)	23	25.56	39	43.33	24	26.67	4	4.44	0	0
七 (87) 留守(48)	14	29.17	14	29.17	14	29.17	4	8.33	2	4.17
准留守(39)	15	38.46	11	28.21	11	28.21	2	5.13	0	0
合计 (847) 留守(622)	248	39.87	229	36.82	117	18.81	15	2.41	13	2.09
准留守(225)	77	34.22	81	36	53	23.56	10	4.44	4	1.78

5. 影响留守儿童和准留守儿童学习兴趣的原因

我们将 847 名 3～7 年级留守儿童和准留守儿童的自由反应式问卷进行统计,他们对学习"很有兴趣"和"比较有兴趣"的原因见表 5。

表 5　留守儿童和准留守儿童学习兴趣产生的原因

原因状况	人次	占总人次比/%
能学到很多知识	100	30.03
有趣味、有效果	59	17.72
能提高自己的品质	39	11.71
将来立足社会	35	10.51
提高学习成绩	21	6.31
父母和爷爷奶奶有期望	19	5.71
师生关系、生生关系和谐	18	5.40
其他	42	12.61

表 5 显示,留守儿童和准留守儿童学习兴趣产生的首要原因是"能学到很多知识",占 30.03%,主要包括:是我喜欢的学科、有我喜欢的书、能丰富我的知识等。第二个重要原因是"有趣味、有效果",占 17.72%,主要包括:学习是一件快乐的事、教师上课很有趣、知识的魅力吸引我、学习有好效果等。

3～7 年级留守儿童和准留守儿童的学习兴趣近景性与远景性交织、社会性与个体性融合。例如,孩子们写道:"因为父母在外面打工,而在家里又没有什么朋友,只有在学习上取得成功才会感到一丝快乐。而且最大的愿望就是想要爸爸妈妈过上好日子,所以我必须努力学习""学习可以丰富我的知识,提高学习成绩,将来长大后我可以为祖国做奉献""老师讲课很风趣,可以学到更多的知识,这样我以后才能立足社会,为国家出力,也才对得起父母"等。

调查发现,有 42 人没有写出对学习有兴趣的原因,我们单列为

"其他"，占 12.61%。不能误认为他们本身对学习没有兴趣，只是"文饰"一下而已。文饰现象是可以基本排除的，因为设计调查方案和实施调查的过程，我们都尽力做了"避免调查中出现文饰现象"的技术处理。我们认为，可能是他们对学习有兴趣的原因没有明朗化，也许是学校教育和家庭教育没有进行有目的、有计划地积极引导所致，这表明培养和激发孩子们的学习兴趣还任重道远。

四、结论与对策

1. 结论

本调查的基本结论如下：

（1）留守儿童"喜欢学习"（76.69%）和"一般"（18.81%）合计为 95.5%。

（2）留守儿童与非留守儿童的学习兴趣状况没有显著差异。

（3）留守儿童与准留守儿童的学习兴趣基本一致。

（4）"留守时长"对留守儿童学习兴趣有影响，但不具有统计学意义。

（5）留守儿童学习兴趣随年级升高有下降的趋势，但非"留守"所致。

（6）影响留守儿童"喜欢学习"的核心原因是"能学到很多知识""有趣味、有效果"。

2. 对策

（1）关爱留守儿童、培养学习兴趣要切忌"污名化"倾向

主要是避免给留守儿童贴"特困儿童"标签和"问题儿童"标签。留守儿童并非特困儿童。他们的父母在外地打工，经济状况一般比较好，培养一个孩子上学不成问题。如果把他们当成特困儿童，单纯给予

物质方面的关爱，容易产生两种负面影响：一是助长他们物质需要的横向膨胀，对其发展不利；二是容易使他们感到低人一等，滋生自卑心理。留守儿童也不一定是问题儿童[4]。目前我国对农村留守儿童心理是否健康存在两种研究结果：一种是留守儿童的心理健康水平低于非留守儿童；一种是留守儿童与非留守儿童心理健康水平不存在统计学意义的差异。[5] 然而，当前"社会各界对留守儿童普遍存在一定偏见和刻板印象，留守儿童污名化现象已处于启动状态"。[6] 留守儿童的"污名化"倾向，会让人感到留守儿童就是问题儿童。问题儿童的核心行为表现必然体现在学习兴趣的社会性严重受损，而我们的调查结果却表明留守儿童与非留守儿童的学习兴趣没有显著差异。显然，给留守儿童贴上"问题儿童""学习兴趣缺乏"等标签，给予"污名化"是极不公正的，对于他们的健康成长会造成严重的后果。

（2）留守儿童学习兴趣的培养与激发应该避免另类思考

学习兴趣是学习动机的外化，是学习动机最活跃、最积极的外部表现。既然留守儿童和非留守儿童的学习兴趣没有显著差异，"留守时长"对留守儿童的学习兴趣也没有显著影响，那么，对留守儿童学习动机和学习兴趣的培养与激发就要放在常态的社会化成长环境中进行（主要是学校教育环境），不必另类操心费神，否则，可能产生负面影响。例如，有的学校或者社区定期将留守儿童集中进行学习方面的引导，鼓励他们好好学习，天天向上，表面上看是对这些孩子的关心关爱，但实际上，

---

[4] 郝程程，凌辉，周立健等．农村留守儿童和非留守儿童问题行为和同伴接受性的比较研究 [J]．社会心理科学，2013（1）：98－103.

[5] 姜凤萍，王晓英．留守儿童心理健康问题研究现状分析 [J]．中国农村卫生事业管理，2013（2）：171－174.

[6] 刘海生．农村留守儿童污名化问题研究 [J]．成功（教育），2013（3）：264－265.

这样的另类思考可能严重伤害他们的自尊心，而自尊心的伤害乃是心理问题产生的重要源头。

（3）要充分挖掘"留守"蕴含的积极因素激发留守儿童的学习兴趣

当前网络媒体和纸质媒体往往这样描述：因为"留守"，孩子们的亲情感缺乏，在心理上容易产生不适应感，可能会导致亲子关系出现问题，严重的会出现心理行为失范现象，等等。指出这种可能性是必要的，便于学校、家庭、社会共同关爱他们，预防或减少"留守"带来的负面影响。同时，我们更应该思考"如何使农村留守儿童自身发挥主观能动性、提高心理弹性水平的对策"，[7]看到"留守"本身蕴含着促进孩子积极发展的一面：学会独立自主，利于培养独立生活的能力；利于培养具有希望、自信、乐观、韧性、奋发图强、不断进取的积极心理品质，等等。这正是对留守儿童真正的关爱，培养他们正确的学习动机和浓厚学习兴趣的"契机"。

（4）探明影响留守儿童学习兴趣的主客观原因是极其重要的"突破口"

影响留守儿童学习兴趣的原因是多方面的，既有主观内在原因，也有客观外在原因。从宏观上讲，教育心理学揭示的培养和激发学习兴趣的途径与方法都是可行的，本调查初步探明的影响留守儿童学习兴趣的各种原因可以作为参考。从微观上讲，有必要从留守儿童个体成长的文化背景，即从家庭经纬、社区环境、学校教育状况，特别是从孩子因人而异的心理发展年龄特点出发，找到"4.5%的厌学问题"和"随年级升高学习兴趣下降问题"的有效应对策略。

---

〔7〕 韩晓明，李雪平.农村留守儿童心理问题研究综述〔J〕.山西农业大学学报（社会科学版），2013，12（1）：28－32.

第二节 留守儿童"不另类"实证研究拾遗

《留守儿童学习兴趣的调查与探析》这篇文章,是留守儿童"不另类"的心理科学"举证"。围绕这一"举证"开展的相关活动,更是给关爱留守儿童工作人员留下了刻骨铭心的记忆。

2013年7月14日下午,湖南省常德市武陵区北正街小学的多媒体教学大厅,农村留守儿童学习兴趣调查研究成果首场报告会在这里有条不紊地进行。国家心理咨询师职业培训教材主编郭念锋教授的临床心理学研究生、资深心理咨询督导专家万楚益老先生远道而来参会,湖南科技大学教育科学学院硕士生导师刘忠义教授应邀参加发布会的全过程。

报告会只面向投身中华儿慈会留守儿童心理援助项目的志愿者代表,相当于一次专业培训。笔者汇报了调查研究的目的,主要是想从社会功能的角度证实留守儿童(群体)到底是不是问题儿童,以便对留守儿童(群体)建立正确的价值判断,从而优化留守儿童心理援助的策略、途径、方法;特别说明了如何"避免'贴留守儿童标签'产生负面影响"、如何"避免调查中出现文饰现象"的"问卷设计"等。两位资深专家高度评价研究思路的可行性、研究过程的严谨性和研究成果的科学性。

与会代表都很兴奋。大家看到了留守儿童在学习兴趣方面的真实存在,在回答"不喜欢学习的原因"时,没有一个孩子说与"留守"有关;在回答"喜欢学习的原因"时,有不少孩子说"爸爸妈妈在外面辛苦,我要好好学习",等等。

笔者更加兴奋。作为领衔人，我知道这是中华儿慈会1～3期几百个项目中唯一的一个留守儿童心理援助项目，我们是竭力倡导对留守儿童进行心理关爱、心理援助的人。实证调查研究结果显示，留守儿童与非留守儿童的学习兴趣没有显著差异，这能帮助我们对留守儿童形成相应的价值判断，改变人们对留守儿童的"污名化"认知，增强我们开展留守儿童心理援助的信心。8月5日，湖南常德日报以《留守儿童学习兴趣与正常孩子无异》为题进行报道，"研究表明：留守儿童的学习兴趣与非留守儿童没有差别；留守儿童与准留守儿童的学习兴趣基本一致；'留守时长'对留守儿童学习兴趣没有实际影响；留守儿童学习兴趣随年级升高有下降的趋势，但与'留守'无关；影响留守儿童喜欢学习的核心因素是'获得知识与学习难度''学习趣味性与效果'。这是一个具有实证意义的研究成果，必将对留守儿童教育工作产生重大影响。"

笔者深知，"具有实证意义的研究成果"只是新闻稿中的用语，要真正得到学术界的认可，第一步是要在学术刊物上正式发表，于是笔者将研究报告发给湖南第一师范学院学报编辑部……

2014年2月，湖南第一师范学院学报一字未改，用近4个版面发表了《留守儿童学习兴趣的调查与探析》，中国知网、中国学术期刊网等权威媒体全文收录，中国未成年人网以《常德市留守儿童学习兴趣研究成果惠及全国》为题进行报道，湖南常德日报用一个整版以《留守儿童不另类》为题进行深层解读，引起广泛关注，众多自媒体纷纷转载，甚至有人在某"平台"自称"作者"运营收费，直到笔者现身才作罢。

常德日报先后发表的两篇文章，都是葛辉文女士撰写的。葛女士既是著名记者，也是国家二级心理咨询师，她读懂了通过留守儿童学习兴趣（社会功能）状况的研究，来证实这一群体是不是问题儿童的方法论，她表示高度认同，第二篇直接以"留守儿童不另类"为标题发稿，这对我们是极大的鼓舞。面对这一切，"湘北心协"的留守儿童心理援助志愿者是欣喜的，笔者更加激动，也更有了底气，先后在湖南省心理咨询协会年会等各种会议中举办"留守儿童的学习兴趣与心理援助"等讲座，大力宣传我们的研究成果、研究方法论。

2019 年，第 13 届中国心理学家大会在上海召开，我有幸登上由贺岭峰教授主持的"社区心理服务"论坛。在题为《留守儿童心理援助案例分享》的汇报演讲中，我强调：实证研究成果让我们形成了"留守儿童不另类"的价值判断，这是开展留守儿童心理援助的底层逻辑，也是我们工作中一个非常重要的基本点。

上海体育学院心理学院教授、博士生导师贺岭峰教授，给予了充分肯定。在讨论环节，会议代表迫不及待地提问："留守儿童学习兴趣是否无异于心理状况的关系？""'留守儿童不另类'为什么还需要心理援助？""怎样才能使留守儿童心理援助的效果最大化？"……这些问题，我尽可能做到"可视性"回答，得到了与会代表的一致认同，天天心理网进行了热播。湖南教育电视台分别以《留守儿童不另类"澧县样本"走向全国》《用真情和爱心，守护留守儿童健康成长》为题进行报道。

2019 年 7 月 17 日，北京朝阳区通惠河畔惠河南街 1132 号通惠大厦 A 区 6 层熠熠生辉，中国心理学家大会举办的"全国首届社会心理服务案例征集"终审环节在这里进行，最终评选出"首届社会心理服务十佳案例"。

中国心理学家大会主席、中国心理学会心理学标准和服务研究委员会主任梅建教授主持终审会，并做总结性讲话。

2019 年 7 月 17 日决赛现场，笔者（左）利用终审茶歇时间，向中国心理学家大会主席、中国心理学会标准委主任梅建教授（右）请教"留守儿童不另类"实证研究的方法论，得到充分肯定。

　　向中国心理学会的大咖当面求教的机会非常难得。我早有准备、见缝插针迅速贴近梅建教授，向他请教我们实证研究的整体思路：来访者心理问题的诊断有症状标准、时间标准和严重程度（社会功能）标准，我们另辟蹊径，对留守儿童与非留守儿童的学习兴趣、动机（社会功能）状况开展大样本比较研究，并进行统计学处理，如果他们的学习兴趣（社会功能）没有显著差异，就能逆向反推得到结论——留守儿童（群体）不另类。在现实层面，我们不能把留守儿童群体当成问题儿童，要避免贴"问题儿童"标签产生负面效应，影响孩子们的发展。梅建教授频频点头，当我说到一万多字的研究报告公开发表，国内权威媒体、自媒体纷纷转载之时，他连声说"发表就好，发表就好……"梅教授的肯定，对我们团队是巨大的鼓舞，笔者的内心无比畅快，为一个月后笔者在上海的演讲增添了底气！

　　经过一天的角逐，下午 5 点 40 分，中国心理学家大会组委会刘芳女士走上讲台，在宣布评审结果之前，她首先特别告诉我们，梅建教授和张霁评委因其他要事，评出结果后就被接走了，未能再到现场向大家致谢，并转达了他们的歉意。

　　澧县留守儿童心理援助案例毫无疑问地拔得头筹，而我们与评审专家的合影却没有梅建教授，非常遗憾。好在茶歇时我向梅建教授求教的情景，同伴彭梅老师抢拍到了精彩瞬间，那张照片是我此生最珍贵的记忆！

第四章

留守儿童心理援助实务探索

留守儿童心理援助是立足现实、"人文性"与"工具性"两类"技术"合璧生辉的过程，其实务探索、行动研究，融进了草根心理服务工作者运用心理咨询学，解决实际问题独辟蹊径的智慧思考。

"互动式"心理辅导活动课是团体心理辅导的课程形态，遵循团体动力学原理，其"主体性、活动性、生成性、开放性"，以及课堂互动"同桌交流""小组交流""全班交流"所构建的"动力场"，能最大限度促进孩子的心理发展，预防产生心理问题，何其美妙！

"陪伴式"个别心理辅导的"三种形态"，是草根心理服务工作者，面对留守儿童心理援助过程中取得解决的难题，从心理咨询学教科书中走出来，立足人本主义心理咨询技术"内核"，吸收创伤叙事、认知ABC、焦点短期，以及积极心理学的精华，在"田边地头"的磨砺中诞生。

"针对式"亲子心理辅导、"三个一"送教到校，都是心理服务工作者志同道合，常年行走在应用心理学的道路上，发现问题、针对性"解决问题"的一行行足迹。

第一节　"互动式"心理辅导活动课

心理辅导活动课属于团体心理辅导范畴，是团体心理辅导在班级授课制中的"课程形态"，是学校"心育"的重要载体，对促进学生身心健康发展具有极其重要的"临床"意义。2005年下半年，澧县中小学以心理咨询、心理辅导为切入点，区域性推进心理健康教育，其中倡导开展班级团体心理辅导，有识之士逐渐开始尝试，在2010年5月澧县首届小学团体心理辅导教学竞赛成功举办。后续的行动研究，特别是"童缘"项目中"团体心理辅导"内容要求的执行、推广，为澧县的"草根"心理服务工作者提供了深入思考的机会和实践操作的"平台"，不仅将以往零散、随意性的"团体心理辅导教学"，上升到"班级授课制课程"的认知层面，而且将心理辅导活动课的实践操作经验，上升为理性概括的"互动式"。此部分内容展示了心理辅导活动课的"操作历程"，以及心理辅导活动课教学竞赛"背后的故事"，能给人诸多启发。

一、"互动式"心理辅导活动课要义

心理辅导活动课是以班级团体为单位、实施学校心理健康教育的重要载体，主要目标不是对个别学生心理问题的矫治，而是着眼于全体学生，促进全体学生身心健康发展、预防产生心理问题的心理健康教育"活动课程形态"。

"活动课程形态"中的"活动"，不是单向的、抽象的"一言堂"，而是双向（回环）的、质感的"群英会"，体现"四性"，即主体性、活动性、生成性、开放性；是完全建立在平等、尊重、共情、接纳基础上的"心灵互动"，其底层逻辑是充满人性关怀、"以人为中心""坚信人是有发展潜能"的人本——存在主义。

"互动式"赋予心理辅导活动课应该具备的典型特征——群体互动，包括生生互动、师生互动。同桌交流、小组交流、全班交流是生生互动的三种形态，既是心理辅导活动课"跳动的脉搏"，也是体现主体性、活动性、生成性、开放性，让课堂生动起来的"途径和方法"。小组交流时辅导教师可以深入其中，了解"学情"，学生全班交流的过程离不开师生互动，要有对学生鼓励的掌声，阳性强化学生积极投入活动的热情，充分激活促进学生心理发展的"动力场"。

怎样开设"互动式"心理辅导活动课，以下几个方面的"条件保障"是必要的。

1. 在"常态教育条件"下实施心理辅导活动课

在留守儿童心理援助项目实施的过程中，我们不把留守儿童和非留守儿童从共存的"常态群体"中分开，不单独为留守儿童开展团体心理辅导，不单独为留守儿童开设心理辅导活动课；更拒绝相关机构延请我们做个样子，到某学校去挑选一群留守儿童开展团体心理辅导，以便媒体报道他们关爱留守儿童的"政绩"；每当看到诸如《团体心理辅导，关爱留守儿童》之类的报道，内心五味杂陈，联想到"罗森塔尔效应"——正向"暗示"的积极作用，担心此时此刻的"图文并茂"，会不会给"当班"的留守儿童带来负面影响?！

团体心理辅导（咨询）是相对于一对一的个体心理辅导而言的。樊富珉教授提出，"一般而言，团体心理咨询具有教育、发展、预防及治疗四大功能。这四大功能相互联系，相互渗透，在咨询过程中共同起作用。"根据团体功能，分为成长性团体咨询、训练性团体咨询、治疗性团体咨询。在留守儿童心理援助的过程中，我们思考，留守儿童的学习时间主要是在学校里度过的，只有将成长性团体心理辅导作为一种课程形态，即心理辅导活动课，作为校本课程纳入学校课程计划、上课表，真正进课堂，才能称之为"常态的教育条件"，让留守儿童和非留守儿童都得到同样的学习机会；也只有这样，才能真正避免对留守儿童"标签化"产生的负面影响。因此，在澧县推广"双龙经验"之前，我们指导双龙乡中心完小率先开设心理辅导活动课，然后"以点带面，逐步推进"，促进留守儿童和非留守儿童身心健康发展。

2. 发挥"互动式"心理辅导活动课"动力场"的作用

从课程论的角度来看，"互动式"心理辅导活动课与中小学的学科课程有区别。中小学的学科课教学，主要遵循课程论阐述的一般教学规律，而"互动式"心理辅导活动课强调"群体互动"，它遵循团体动力学的原理，以"互动式"的活动贯穿始终，说得简明一点，就是班级团体所有学生共同参与、围绕某一主题开展活动，形成"群体互动"气氛，形成相应的"场景"，这种气氛感染，这种"场景"体验，就是促进儿童心理发展的"动力场"。

"动力场"错综复杂、千变万化，人的心理行为也随之变化。20世纪30年代中期，心理学家勒温与利皮特从小学五、六年级学生中选出30名学生分为两个小组（团体），分别由大学生扮演民主的和专制的领导，进行轮组实验，两个星期轮换，每个小组都要经受两种不同的领导作风，从而形成两个不同的团体气氛。结果表明，学生在不同团体气氛中行为有很大差异，例如在专制型团体中的攻击性言行显著，而在民主型团体中友好相处；在专制型团体中多以自我为中心，在民主型团体中"我"字频率低，注重"我们"的感情；当实验导入"挫折"时，民主型团体成员团结一致试图解决问题，而专制型团体则彼此推卸责任或进行人身攻击，等等。我们也见证了心理辅导活动课"动力场"的正向作用，学生相互影响、相互启发、相互促进、共同提高的情景，那是多么的美妙！

3. 心理辅导活动课教师要把握"态度第一"的方式方法

"态度第一"，是指心理辅导活动课教师做到师生人格平等，发自内心对学生共情、热情、尊重、真诚、接纳、鼓励等，其中"共情"，就是通情达理、设身处地，能够站在学生的立场上来理解他们的感受、行为，而且能准确地回应他们的感受。

不少学校抱怨，我们想开设心理辅导活动课，但没有国家职业资格心理咨询师，没有师资开不了，这是一个认识上的误区。心理咨询师国家职业资格认证考试基本没有心理辅导活动课的操作内容，更没有心理辅导活动课的实习过程。实践证明，湖南省澧县从 2010 年到 2020 年，历次的心理辅导活动课竞赛优胜得主，几乎全部是学校优秀的班主任教师。因此，心理辅导活动课在中小学普遍推进，必然要以班主任作为基本的骨干师资队伍，其关键是"态度第一"。

积极投身留守儿童心理援助项目、担纲留守儿童心理辅导员培训班"核心"课程的陈新桂高级教师，其教学极受欢迎。她将行动研究的成果写成《蹲下来——班主任心理辅导重要前提》一文并公开发表，在文章中描述了客观存在的现实，"目前，我国中小学校有心理咨询职业资格的心理辅导教师极少。即使一所学校配备了有心理咨询职业资格的教师担任专职或兼职心理辅导工作，但面对中小学生日益突出的发展心理问题和心理健康问题，也难以真正做到及时解决。只有班主任时时刻刻和学生打交道，了解和熟悉每一位学生身心发展状况、学习生活状况，最能科学、综合看待学生的全面发展，最能及时发现并处理可能出现不良后果的问题。所以，在我国中小学心理辅导体系中，班主任处于核心地位。""所谓'蹲下来'，就是指班主任和学生建立平等亲和的辅导关系，以朋友的身份与学生进行交流，并在心理辅导过程中一以贯之。"

"态度第一"是对心理辅导活动课教师的基本要求，需要提醒的是，教师要将上学科课的角色转换成心理辅导角色。"态度第一"的正向性，可能具象化为一幅幅促进学生心理发展的"动力场"画卷：师生平等互动、情感相融、观点包容；学生同伴互动，不拘一格，充分表现，相互促进；在互动交流的过程中，辅导老师不追求活动结果与结论的一致性；没有"权威"说教；捕捉新的辅导素材，发现学生新的成长体验，情不自禁为之喝彩、带头鼓掌；心理辅导活动课一定要有掌声、有欢笑，热烈的掌声让孩子们心花怒放、心情愉悦、心灵成长。在"化解烦恼——维护心理健康"心理辅导活动课中，笔者提出两个问题启发学生"思考与交流"：

（1）你内心最大的烦恼或痛苦是什么？（2）你是怎样化解烦恼或痛苦的呢？

经过"静悄悄"的思考，通过同桌交流、小组交流，在全班交流的时候，小学六年级学生竞相发言，他们以"个性化体验"化解烦恼的方法，闪烁着智慧的光芒。一个孩子说道："一个同学欺负了我，回到家里想着也生气，爸爸妈妈外出务工，跟爷爷奶奶也不好说，我就站在山坡上看远方的风景……烦恼化解了"。随即，全班响起了热烈的掌声，此情此景，令人心旷神怡。

教育部中小学心理健康教育专家指导委员会在《给全国中小学校新学期加强心理健康教育的指导建议》中提出，要"开展针对性的心理健康教育课程和活动，帮助学生做好心理调适"。究竟怎样开展，没有统一要求，毕竟全国之大，地方差异更大，有赖于各个地区创造性地推进。早在 2016 年，湖南省教育厅在《关于贯彻落实教育部〈中小学心理健康教育指导纲要（2012 年修订）〉的实施意见》中要求，"小学、初中、高中，每一个学段至少有一个学年系统开设心理健康教育活动课，每学期课时数不少于 10 节"。其中的"心理健康教育活动课"，我们可以理解为"心理辅导活动课"，而且明确了各个学段的课时要求，这是将心理健康教育（心理辅导活动课）纳入中小学课程系统之中的重要"表征"。2020 年 6 月 25 日湖南省委办公厅、省政府办公厅颁发《关于加强新时代学生心理健康教育的意见》，提出要制定湖南省中小学心理健康教育课程实施方案，确保所有班级每两周 1 课时。

课程形态的心理健康教育全面开展已经有"法"可依、有章可循。

课程设置就是教学秩序的"法",只有将心理健康教育心理辅导活动课纳入学校课程系统,才能真正将学校心理健康教育落到实处,才能更好地促进学生心理健康发展,预防产生心理问题。

二、"互动式"心理辅导活动课的实务设计

立足实务、长远,从系统的角度,"互动式"心理辅导活动课实务设计,应考虑课程计划和课时计划两个方面。前者是宏观"实务"、方向引领,后者是微观"实务"、落地生根。心理辅导活动课的开设,是学校开展心理健康教育的重要载体,要真正落实心理辅导活动课,"课程计划"和"课时计划"两者都不可忽视、不可偏废。

1. 精心编制心理辅导活动课的课程计划

心理辅导活动课课程计划的编制,需要明确课程性质、课程内容、课程目标、课程设计、课程实施、课程评价等。在留守儿童心理援助项目实施的过程中,笔者紧扣教育部《中小学心理健康教育指导纲要 2012 年修订版》,结合实际,制订了一份心理辅导活动课的课程计划(母本),并提供给其他的学校作为参考。

××学校心理辅导活动课课程计划(试行稿)

一、课程性质

根据义务教育课程计划设置,各年级都要开设校本课程。根据××学校的实际,以及社会对学生心理健康的关注,我们开发心理健康教育心理辅导活动课,将其作为学校课程来开设。心理辅导活动课属于团体心理辅导范畴,是"活动形态课程",通过活动或者游戏,让学生感悟或体验,以逐步形成健康的心理素质。

二、课程内容

普及心理健康基本知识,树立心理健康意识,了解简单的心理调节的方法,认识心理异常现象,以及初步掌握心理保健常识,其重点是学会学习、人际交往、升学择业以及生活和社会适应等方面的常识。

三、课程目标

（一）总目标

提高全体学生的心理素质，充分开发他们的潜能，培养学生乐观、向上的心理品质，促进学生人格的健全发展。

（二）具体目标

1. 小学部分

小学低年级：帮助学生适应新的环境、新的集体、新的学习生活与感受学习知识的乐趣；乐于与老师、同学交往，在谦让、友善的交往中体验友情，获得积极的情绪体验。

小学中、高年级：帮助学生在学习生活中品尝解决困难的快乐，调整学习心态，提高学习兴趣与自信心，正确对待自己的学习成绩，克服厌学心理，体验学习成功的乐趣，培养面临毕业升学的进取态度；培养集体意识，在班级活动中，善于与更多的同学交往，健全开朗、合群、乐学、自立的健康人格，培养自主参与活动的能力。

2. 初中部分：帮助学生适应中学的学习环境和学习要求，培养正确的学习观念，发展其学习能力，改善学习方法；把握升学选择的方向；了解自己，学会克服青春期的烦恼，逐步学会调节和控制自己的情绪，抑制自己的冲动行为；加强自我认识，客观地评价自己，积极与同学、老师和家长进行有效的沟通；逐步适应生活和社会的各种变化，培养对挫折的耐受能力。

（总目标和具体目标的内容摘自教育部《中小学心理健康教育指导纲要 2012 年修订版》）

四、课程设计

（一）课时安排

将心理辅导活动课作为校本课程来开设，所以，心理辅导活动课的开设节次与义务教育课程计划校本课程开设节次一致：小学一、二年级每周 2 课时，小学三、四年级每周 1 课时，小学五、六年级每周 2 课时，初中一年级每周 2 课时，初中二年级每周 1 课时，初中三年级每周 2 课时。

（二）课程板块

根据课程内容和课程目标，我们参考湖南省《心理健康教育教师用书》[8]，结合澧县学校的实际，将心理辅导活动课的内容分为以下六大板块：生活心理、交往心理、学习心理、情绪心理、个性心理、性心理。

（三）课程开发

1. 课程开发明细

1~9 年级心理辅导活动课课时开发明细表

年级	周课时	学年课时（每学期 16 周）	省编用书已开发课时	学年尚需开发课时	学期尚需开发课时
1	2	32×2＝64	16	48	24
2	2	32×2＝64	16	48	24
3	1	16×2＝32	21	11	6
4	1	16×2＝32	20	12	6
5	2	32×2＝64	21	43	22
6	2	32×2＝64	20	44	22
7	2	32×2＝64	30	34	17
8	1	16×2＝32	30	2	1
9	2	32×2＝64	30	34	17

2. 课程开发要求

一是学校心理辅导中心对课程开发给予指导。

二是各位辅导老师根据课程内容的板块、心理健康教育的年级要

---

〔8〕 湖南省教育科学研究院．心理健康教育教师用书［M］．长沙：湖南人民出版社，2005.3

求、每学期要开发的课节，以及学生的实际需要编写课时心理辅导
计划。

三是各位老师可以参考湖南人民出版社出版的心理健康教育教师用
书、中华儿慈会"童缘"项目组编印的《留守儿童心理援助团体心理辅
导设计》等资料，紧密联系学生的学习与生活实际，编写心理辅导活动
课的课时计划，要体现时代特色、学校特色。

四是提倡集体备课，资源共享，有疑难问题，集体研究解决。

五是所有新开发的课时计划，均须给留守儿童心理援助"童缘"项
目组提交电子文稿一份，以便资源共享。

2. 精心设计心理辅导活动课课时计划

心理辅导活动内容的选择：整体上，心理辅导课的内容包括生活心
理、学习心理、人际心理、情绪心理、个性心理和性心理六大方面；具
体而言，要根据各年级心理发展的年龄特征、各班级的实际情况、各学
习阶段的特殊情境，以及应对重大社会事件的实际需要，自主选择相关
内容进行辅导活动设计。

心理辅导活动设计要领：主要思考活动主题、活动目的、活动准
备、活动过程四个方面。活动过程大致包括热身活动、主题活动、深化
活动三大板块：热身活动的作用主要是"热身"——集中注意、激发兴
趣，如果热身活动内容与活动主题有内在的联系，则是最佳选择；活动
主题要鲜明，围绕主题的活动过程要简明、可操作；深化活动可以根据
学生的实际，从认知优化和行为引导两个方面考虑，不花俏，接地气，
以利于心理辅导活动目的更好地达成。

心理辅导活动课课时计划示例：2008 年 5 月，中小学心理健康教育
杂志社在湖南张家界举办全国首届学校班级心理辅导活动课设计与实施
培训班，湖南澧县的李瑛老师，应邀为培训班开展心理辅导活动课"我
们都很棒"，并进行说课，荣获优秀示范课奖。此优秀示范课的课时计
划得到高度评价。

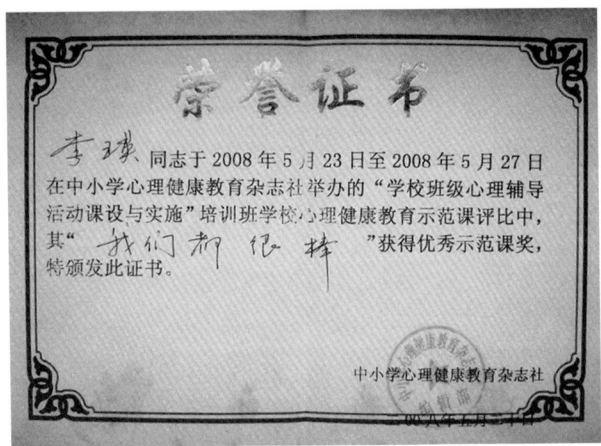

全国首届班级心理辅导活动课培训优秀示范课奖

我们都很棒

活动目的

1. 学习发现别人的优点；

2. 学会接纳他人、欣赏他人；

3. 培养孩子与人交往的能力和自信心；

4. 消除孩子可能存在的焦虑、对人恐怖、过敏等不良心理倾向。

[这些辅导目的的确定都源于学生的实际情况。去年下学期，我采用华东师范大学心理系周步成教授主持修订的《中小学心理健康测验（MHT）量表》，对有关小学五六年级学生进行测评。结果显示，有16％的学生存在一定的焦虑、恐惧及人际过敏等不良心理倾向，而且大多是成绩很好的同学。同时根据学校老师在教学过程中的观察，部分同学在自我欣赏以及欣赏他人方面的能力有待提高。]

活动准备

1. 用画有彩色卡通元素的材料制作高顶帽5~8顶；

2. 学生自备白纸和笔；

3. 多媒体课件（有设备就用，没有也不影响上课）。

活动过程

一、热身活动

全体成员起立，与自己前后左右的同学分别握手，真诚地互相问候，例如可以问候："你好""周末过得愉快吗"等。

（调节紧张情绪，活跃课堂气氛，锻炼与人交往的基本能力。）

二、"戴高帽子"

1. 报数分组。全体成员报数，然后按照个位数的搭配来分组，个位数是1和9、2和8、3和7、4和6以及5和0的同学各为一组。

（这是一种随机取样的分组方式，能让学生扩大交往面，有机会与新面孔直接交流，从而取得比较好的辅导效果。）

2. 请1、2、3、4、5号同学担任小组长并到老师这里来领取道具高帽子，为第一个同学戴上高帽子。

（小组长也是随机选取的，体现辅导教师对待每个孩子都是公平的。对于小组长一定权力的给予也是为了促进自信心的培养。）

3. 小组成员手拉手围成一个圈，把戴高帽子的同学围在中间，然后大家开始称赞戴高帽子的同学。

（要求学生手拉手围成圈，由此消除他们对人的恐惧心理；而这一个环节也是我们这个活动的关键部分，是"红色轰炸"的主体部分，让孩子们学习发现别人的优点，并真诚地赞美，但不是一味地吹捧称赞。这个过程实际就是孩子学习如何与人交往的过程，学习接纳和欣赏他人的过程。）

4. 组内每称赞完一名同学，大家都要鼓掌为其祝贺，同时被称赞的同学应该对大家表示感谢。然后由下一名同学戴高帽子。

（让孩子学会称赞他人，真诚地接纳他人，同时增强他们的感恩意识。）

5. 自我认同

同学们要把自己接收到的所有的称赞写在纸上，并用五角星符号表示哪些是自己以前不知道的。

（让同学们在回忆称赞的过程中，觉得"原来我还有这样的优点"，强化学生的自信心。）

三、深化活动

（一）讨论分享

围绕以下几个问题从整体上独立思考、小组交流、全班互动：

1. 赞扬、肯定他人或被他人赞扬和肯定的时候，你的感受是什么样的？

2. 怎么样才能用心去发现他人的长处？

3. 怎么样去做一个欣赏他人的人？

（体会自我欣赏与欣赏他人。）

（二）成员大合唱

全体成员合唱《感恩的心》

（三）呼号：我是最棒的！我们是最棒的！

（先齐唱歌曲《感恩的心》，然后呼号；心灵共鸣的歌词、歌唱和手语自由配合的情境，不仅让学生感到轻松、动情，而且能强化欣赏自我和欣赏他人的潜意识；当学生在一系列的活动中真正体验到"我是最棒的""我们是最棒的"时，呼号已不仅仅是形式上的完善，而且是学生心灵成长的声音。）

（指导教师：杨铮传；辅导教师：李瑛，毕业于湖南师范大学应用心理学心理咨询专业，国家职业资格二级心理咨询师）

三、留守儿童心理援助团体心理辅导设计

留守儿童心理援助项目在中华少年儿童慈善总会"童缘"项目组立项了。这是我国第三期"童缘"立项的 65 个项目中，唯一的一个心理援助项目。这个项目落户我们澧县心理咨询师协会，既让人激动，也是压力和动力。为了做好这个项目，我们在项目计划书的基础上，制定了

留守儿童心理援助多层次统一的长期目标和具体目标，以及衡量指标。长期目标是：实施促进社会各界重视留守儿童的心灵成长，优化澧县留守儿童心灵成长的社会氛围；建立家庭、学校和社区相结合的对留守儿童进行心理援助的网络体系；优化留守儿童的生活心理、学习心理、人际心理、情绪心理、个性心理和性心理。具体目标是：提高留守儿童自觉维护心理健康的意识；增强留守儿童的心理承受能力；减轻留守儿童的负面情绪；化解留守儿童的心理问题；促进留守儿童人格健全发展。衡量指标有定量和定性之分。定量指标包括建设澧县留守儿童心理援助指导中心和建立六个留守儿童心理援助站，等等。定性指标包括留守儿童自觉维护心理健康意识提高；留守儿童的心理承受能力增强；留守儿童的负面情绪减轻；留守儿童的心理问题得到解决；留守儿童人格健全发展。为了更好地落实这个项目蓝图，单纯依靠几个留守儿童心理援助站的工作是远远不够的。留守儿童都是在读的学生，因此，我们决定编印《留守儿童心理援助团体心理辅导设计》手册，以供中小学校开设心理辅导活动课之用。计划在适当的时候，由教育行政部门牵头，我们澧县心理咨询师协会义务对全县中小学心理健康辅导教师进行"留守儿童心理援助团体心理辅导"免费培训并赠送此手册，建议各学校采用本手册，利用校本课程的课时开设心理健康教育团体心理辅导活动课。对留守儿童的心理援助以常规的课程形态进行，可以避免给留守儿童贴上"标签"，避免产生负面效应。

本手册内容涵盖了生活心理、学习心理、人际心理、情绪心理、个性心理和性心理等六个方面，每个教案均考虑了中小学常态的教学时量，便于操作。心理辅导活动课教师可以根据自己学校和班级的实际，精心选用相关教案，同时可以改编或独立创新设计。

心理辅导活动课不同于学科课。学科课遵循学科教学规律，心理辅导活动课遵循团体动力学原理，要体现以下四个特点：一是主体性，即以学生为中心，高度关注学生对心理辅导活动的积极性、主动性和参与性；二是活动性，即学生自主活动，充满动感，焕发出生命活力；三是生成性，即心理辅导活动是学生和辅导教师共同创造，不断生成新的辅导素材和新的成长体验的过程，要努力避免许多学科课程都可能有的事先预设的僵硬、死板的程序和权威答案；四是开放性，即处处尊重每位学生的个性，给予学生充分表现的机会，师生人格平等、情感相融、观点包容，不追求活动结果与结论的一致性。

留守儿童并非贫困儿童。只是因为父母远离家乡，他们的孩子往往亲情缺失，在心理上产生一种不适应感，严重的则会导致心理畸形发展并在行为上表现出不同程度的失范或越轨现象，因此，全社会应该把对留守儿童的心理援助放在首位。澧县心理咨询师协会有幸承担留守儿童心理援助项目，将在中华儿慈会"童缘"项目组的指导下，在社会各界，特别是在澧县县委宣传部、澧县教育局、澧县科协、澧县青少年校外活动中心的大力支持下，执行项目计划，落实项目细则，将留守儿童心理援助团体心理辅导长期开展下去，让孩子们受益。

四、梦想成真

编者按：《澧县教研——中小学心理辅导活动课教案特刊》（以下简称《教案特刊》）在《留守儿童心理援助团体心理辅导设计》基础上修订而成，于 2012 年 12 月编印成册，免费发放到全县中小学。《教案特刊》在前者的基础上具有重大跨越：一是直接命名为"心理辅导活动课"；二是取消了"留守儿童"一词；三是分小学、初中、高中三个年龄段按生活心理、学习心理、人际心理、情绪心理、个性心理、性心理分块；四是每个课时计划充分考虑可操作性，小学 40 分钟，初中、高中 45 分钟。更重要、更令人兴奋的是，此教案的编印是教育行政部门的官方行为，是促进澧县中小学全面开设心理辅导活动课的"动员令"，对早就有开设心理辅导活动课意向的学校就是"进军号"了。根据澧县教育局的要求，由县教育学会心理健康教育专业委员会协助县教研室制定了《澧县中小学心理辅导活动课实施指导意见》，明确"各中小学要利用校本课程的课时开设心理辅导活动课"，"各学校要将心理辅导活动课的教学纳入校本研训的范畴，开展教学观摩活动，加强纵横交流，特别要把专业引领和教师的自主实践结合起来"。

澧县教育相关部门准备出一期心理辅导活动课教案专集供全县中小学使用，请笔者组织国家职业资格心理咨询师编写，笔者欣然接受。当笔者审读完这本集子的最后一页，看着一叠厚厚的样稿，仿佛看到了一堂堂充满生命灵性的心理辅导活动课。哦，这样的课堂多么独特，多么奇妙：师生平等互动，朋辈相互影响，爆发出开启心智的精彩，刷洗掉心灵深处的尘垢，焕发着人性与人格的光辉，让孩子们心儿飞翔！

在 2005 年的时候，澧县以心理咨询、心理辅导为切入点区域性开展心理健康教育，每所中学和中心小学都建立了心理咨询室或心理辅导室，连续举办心理健康教师培训班，召开心理辅导现场会，成立心理健康教育专业委员会，制定心理健康教育考核评估方案，将考核评估结果纳入全县中小学岗位量化范畴。这些确实给孩子们带来了福音，出现了很多激动人心的图景：不少孩子把"悄悄话"向心理辅导教师倾诉，化解了内心的焦虑与痛苦，找回了属于他们年龄阶段的幸福。作为一名普通的心理学教师，笔者尽情分享这些孩子的幸福体验；作为一名心理卫生工作者，尤其作为一名临床心理服务工作者，我不仅开心不起来，心情反而越来越沉重。多方面的原因，导致当前中小学生的心理问题越来越突出，严重心理问题和疑似神经症的比例越来越大，甚至不断传出在校学生"疯了"，也就是精神分裂的悲剧。

心理咨询与心理辅导是对已经产生了心理问题的孩子进行救治。当前学校心理咨询与心理辅导室的负荷量越来越大，而配备能进行心理咨询的国家职业资格心理咨询师又有一个过程。如果能在中小学开设心理辅导活动课，这种根源性预防就可以大大减少孩子们产生心理问题的概率，该多好呢。真是心想事成，利用校本课程区域性开设心理辅导活动课就要成为现实了！这是澧县教育的一大盛事，到目前为止，至少在湖南省是独一无二的；对孩子们来讲，该是多么美妙的事情啊！

这本集子体现了县教育局领导的决策智慧，凝聚了朋辈心理咨询师的爱心与汗水，也承载了社会、家庭和学校，尤其是广大中小学生的期望。

五、心理辅导活动课竞赛背后的"故事"

澧县举办了三次中小学心理辅导活动课竞赛：第一次由澧县教研室、澧县教育学会心理健康教育专业委员会联合举办，于 2010 年 5 月 25 日在澧县九澧实验学校举行；第二次于 2013 年 6 月 8 日和 9 日，分别在澧县九澧实验学校（初中组）和澧县实验小学（小学组）举行；第三次竞赛的初中组于 2020 年 10 月 15 日和 16 日在澧州实验学校，小学组于 2020 年 10 月 20 日和 21 日在澧县一完小桃花滩分校举行。这背后的"故事"，倍感亲切，引人思索。

1. "十多年的探索与实践"是心理辅导活动课诞生的"广谱营养"

2010 年 5 月 28 日，媒体相关报道称，"本次竞赛活动，标志着澧县将中小学心理健康教育纳入到了学校教育教学的常规活动之中，同时也标志着，经过十多年的探索与实践，澧县中小学心理健康教育已提升到一个更新更高的水平"。

就县城、乡村而言，澧县中小学心理健康教育，无论是课题研究、科普宣传还是区域性推进，在全国应该是比较靠前的。特别是一连串心理健康教育方向的课题项目，县教育局高度重视、县教研室积极投入、县教师进修学校紧密配合、扎根实际、齐心合力，为解决"实际问题"而开展行动研究，不乏实践创新成果。

回首"十多年的探索与实践"，让人看到一行行应用心理学扎根泥土的足迹：

湖南师范大学郑和钧教授主持的湖南省"八五"重点科研项目《小

学协同教学实验》，其协同教学是把心理教育置于教育的核心地位，澧县多次派员参加协同教学实验"综合课"观摩活动，宣传推介，当时的综合课，相当于我们现在的心理辅导活动课。

1998 年开始，澧县组织一批学校先后参加湖南第一师范学院胡重光教授领衔的《现代活动教学与素质教育》《现代活动教学与新课程实施》两项省级课题研究，2000 年 6 月 11 日，在当时的澧阳镇黄桥小学举办全县现代活动教学观摩会，随即现代活动教学的推广应用被纳入澧县教育局工作要点，于 2000 年 11 月上旬在澧阳镇实验小学举办全县推广现场会。自此，现代活动教学在全县铺开，"活动"一词深入人心；现代活动教学推广应用成果大大推动了全县新课程实施的进程，其总结报告《区域性推广活动教学，全面推进素质教育》写进真实的课堂教学之中，于 2002 年 4 月，荣获湖南省第六届基础教育教研教改成果三等奖，填补了澧县历届省级成果获奖的空白。

2000 年澧县教师进修学校成为湖南省"十五"教育科研重点课题《中小学教师心育能力培养推广实验研究》的主研单位、实验指导基地。这一课题由彭剑飞、冯周卓两位教授主持，澧县组织当时的澧阳镇实验小学、黄桥完小、如东乡高崇中心完小、枫林完小、官垸中心完小、小渡口中心完小、羊古完小、荣市完小参加，成绩斐然，周永红、杨小杰等执教的学科心育课荣获全省学科心育课竞赛一等奖，其中周永红获一等奖第一名。这一课题的核心成果，笔者将其编成《小学语文心育艺术》一书，于 2002 年出版。

2001 年，澧县组织一批学校参加郑和钧教授主持的教育部立项课题《自我教育与素质全面协同自主发展》，笔者作为主研人员担任全国小学课题组组长。

2005 年 5 月，中国心理学会给澧县教师进修学校颁发了荣誉证书，并作出了表扬："在心理科学普及应用活动中敬业奉献，成绩显著，被评为科普工作先进集体"。

2. 心理健康教育区域性推进是心理辅导活动课竞赛的"源头"

2005年下学期，以心理咨询、心理辅导为切入点，澧县区域性推进心理健康教育。没有可资借鉴的语境，只能在行动研究中探索适宜县城、乡村学校的"草根"道路：加强人才培养（专业指导）、加强阵地建设、加强督导评估。

学校对人、财、物、时间、空间的管理，关键是"人"，心理健康教育工作区域性推进，对"心理教师"的培养是重中之重。"土法"上马，澧县教师进修学校连续举办三期教师培训班，共培训231人次。2005年10月培训心理咨询、心理辅导教师73人；2006年4月心理健康管理培训班，全县各学校政教主任78人参加培训；2008年4月心理咨询（心理辅导）提高培训班80人参加培训，有单位超额送培。

当时全社会对心理咨询（心理辅导）的知晓，对心理健康教育重要性的认识，还处于"冰冻"待解或者初解的状态，因此，发挥教育行政的力量极其重要。县教育局规定县办高中、乡镇初中、乡镇中心完小必须建心理咨询、心理辅导室，也可以命名为"阳光小屋"，由县教研室和澧县教育学会心理健康专业委员会给予指导，年末逐校督导评估，纳入各学校岗位责任评分并予以通报。同时于2006年上学期在澧县涔南中学、涔南中心完小召开"阵地建设和实际工作"现场会，通过"典型引路"，推动心理健康教育为学生服务，以落到实处。

"土法"上马，就是不追求培训档次的"高、大、上"，而是着眼于个别心理咨询、心理辅导和团体心理咨询、心理辅导相结合，紧扣实操要点，适当讲解、实操观摩、案例分享，集中学习与在岗见习结合，独立思考与集中研讨结合。首期培训班学员集体讨论，班委会刘金涛、皮新宇、彭安平、谭传平参与集中研讨，形成了《心理咨询教师工作十二"要"和十二"不要"》的共识，其文本在全县每一个心理咨询室张贴上墙，作为个别心理咨询的行动指南。

2013 年 6 月 9 日，小学组参赛选手与评委合影。

团体心理辅导这门课，我们延请张家界师资培训中心彭兴顺、湖南工程学院曾鹃带领学员进行"基础性活动"实操，然后集中研讨如何开展课程形态的团体心理辅导。培训后不少学员自觉投身到团体心理辅导行动研究之中，促进了心理辅导活动课在澧县的诞生，成为澧县中小学历次团体心理辅导活动竞赛的重要源头。

3. "常态教育条件——留守儿童群体不另类"，自然天成的"双盲实验"

我们提出在"常态教育条件"下实施心理辅导活动课，同样，也提倡并践行在"常态教育条件"下开展心理辅导活动课教学竞赛。2020 年澧县中小学心理辅导活动课竞赛是完全意义的"常态"：一是配合上竞赛课的班级，保持常态的学生群体不变；二是上竞赛课的时间，与课表上的教学节次同步，只是内容不同；三是常态的教学秩序不变，打上课铃上课，打下课铃下课，不影响下一节课的教学。

2020 年心理辅导活动课竞赛从下而上、全面发动，学校参与、单位申报、分学区片预赛，其胜出的教师参加全县的总决赛。这一场规模宏大的"团辅运动"，全县总决赛没有通知媒体进行报道，此次活动的总负责人叶明双同志说："心理辅导活动课常态化了，不用报道。"一语道出真谛！

关爱留守儿童要在学校"常态的教育条件"下进行，即不对留守儿童"标签化""污名化"。通过心理健康教育、心理援助，最大限度优化儿童群体赖以社会化的"常态教育语境"，面向全体、一视同仁，促进儿童身心健康发展，必然将儿童"留守"可能带来的负面影响降低到最低程度，必然让"留守"所蕴含的积极因素得以充分发挥，也必然出现"留守儿童群体不另类"的动人景象，无论你用什么问卷、量表来检测，还是用什么叙事、谈话、实验传记等临床的方法来甄别。

穿越历史的时空，解读心理辅导活动课背后的"故事"，让人惊奇地发现，澧县区域性推进心理健康教育的"场"，特别是"场"派生出的十二"要"和十二"不要"以及团体心理辅导演进而成的心理辅导活动课，都是促进儿童心理健康发展极其重要的自变量"因素（因子）"。无巧不成书，回眸留守儿童与非留守儿童学习兴趣实证研究问卷调查的四所学校，我们惊奇地发现，无一不是澧县区域性推进心理健康教育的点校，其自变量"因素（因子）"更为充分，调查出的结果"留守儿童与非留守儿童无异"，即"留守儿童群体不另类"就是因变量。"自变量"和"因变量"双方，事先任何人都不知晓其"直接目的"，这不就是自然天成的"双盲实验"！

真是"梦里寻他千百度，蓦然回首，那人却在灯火阑珊处"。

第二节 "陪伴式"个别心理辅导

志愿者心理咨询师 2010 年入驻澧县励志家园，给一群具有创伤经历的特殊留守儿童进行心理辅导。这群孩子的发展心理问题和健康心理问题犬牙交错，为了解决他们寻求心理辅导的时空问题，解决心理咨询师志愿者不便主动切入的现实难题，又要尽快产生最大化的辅导效果，我们从心理咨询学的教科书中走出来，立足我国传统文化人本主义的

"以人为本"，西方人本主义心理咨询技术的"内核"，吸收创伤叙事、认知 ABC、焦点短期，以及积极心理学的精华，创造性地开展具有"集体意义"的"手拉手"（陪伴）活动（心理辅导）。经过十年的探索、积淀，形成了"三种范式""个人修为""健康科普"三个方面的独到思考，《蹲下来——班主任心理辅导的重要前提》和《留守儿童"陪伴式"个别心理辅导札记》，更是现实操作版的表征，其广泛的实用性，在第六章留守儿童个别心理辅导案例故事中也能得到印证。

一、"陪伴式"个别心理辅导的三种范式

在留守儿童心理援助的过程中，"手拉手"（陪伴性）活动具有心理辅导功能，称为（陪伴性）"陪伴式"个别心理辅导。"陪伴式"个别心理辅导是一个宽泛的概念。吴和鸣老师曾说"伴随比导引更重要"，即使"一言不发"，"陪伴"也能给孩子带来安全感、亲情感、愉悦感，增强孩子活力，减少或者化解内心的纠结，促进孩子们的心理发展、健康成长，"陪伴"本身就是心理辅导。

我们根据经验总结出"陪伴式"个别心理辅导具有三种范式："扮亲人"的亲情陪伴、强化积极情绪的发展陪伴、叙事（故事）倾听的健康陪伴。

学校里的班主任和科任教师、心理辅导员、心理咨询师，以及社会爱心公益人士，只要具有"助人者"的特质，都可以对留守儿童和非留守儿童进行不同形态、不同层次的"陪伴式"个别心理辅导。

2010 年 3 月，一群心理咨询师志愿者，义无反顾地"入住"慈善机构澧县励志家园，对全县集中供养、资助上学的孤儿和特困生——一群特殊的留守儿童进行心理关爱（心理辅导）；2011 年 11 月，他们写成的经验文章《澧县励志家园孩子的心理辅导实践与思考》，荣获全国二等奖。

这篇文章是关爱留守儿童（心理辅导）的阶段总结，对我们申报中

华儿慈会留守儿童心理援助项目起了关键性的助力作用，项目申报表中有"成功案例"一栏，必须有，必须填。更重要的是，在这篇文章中，不仅提出了"陪伴式个别心理辅导"的命题，而且陈述了巧妙引导孩子接受健康心理辅导的具体做法；虽然看似粗浅、单一，但开启了"陪伴性"个别心理辅导的"草根"探索之路；"'陪伴式'心理辅导的效果非常明显"，坚定了我们向前走的信心和决心。

1. "扮亲人"的亲情陪伴

2013年3月3日，阳光灿烂，春光明媚。来自湖南省湘北地区35名心理咨询师志愿者来到澧县心理咨询师协会，与澧县励志家园40多名特殊的留守儿童"手拉手"共情：首先是围绕"见到你很高兴""快乐的生活故事""我的内心愿望"结对分享交流。分享过程中，志愿者把孩子们当自己的儿女一样去亲近他们，孩子们更把志愿者当成自己的父母一般，这种父母与儿女般的共情，让双方都感悟到了生命的美好。接下来是心理咨询师志愿者"扮父母"，与孩子结对"手拉手"，前往澧县一中听红色演讲家邹越《让生命充满爱》的精彩演讲，这是一幅无比动人的画面……

志愿者"扮父母"陪伴励志家园孩子聆听演讲

这一天，志愿者远道而来，很辛苦，但特别开心。皮新宇说："在一中听讲座，我一直陪伴着章帆和汪英（化名）两位小朋友，扮妈妈、扮老师，和她们互动交流。散场了，我又很自然地牵着她俩的小手回励志家园……看得出她们非常的快乐，我也好开心！"史彩平也说："见到曾经满脸乌云的汪梅琪（化名）变得阳光、自信，笑容灿烂，我好开心。她们叫我'平妈妈'，我好高兴！"贺军在网上留言："我会不定期关爱我昨天结对的两个孩子的……"

　　和孩子们分别的时候，都依依不舍，合影留念。3月8日，很多孩子打电话或写信，向结对的心理咨询师志愿者表示节日问候，表达内心的感激和思念。志愿者们感慨万千，陈新桂老师说："3月8号晚上，孩子们借励志家园李老师的手机给我打电话祝福，让我感到太意外，太感动了，我接触她们只有几小时啊……"

　　　前排从左至右分别是：廖慧平、史彩平（德山开发区）、陈新桂、曹霞（益阳市）、李桂芝、杨铮传（常德澧县）、龙传华（常德鼎城区）、唐敏、杨敏（常德澧县）。

　　　后排从左至右分别是：彭三英（常德鼎城）、张立、贺军（常德澧县）、陈浩（常德武陵区）、姜淑珍（常德津市）、张卉勇（常德澧县）、胡英俊（常德汉寿）、刘一君（常德澧县）、唐丽芳（张家界市慈利县）、吴娟、徐婉菱、舒平凡、龚小岚、林霞（常德武陵区）、吴常菊（常德澧县）、徐绍妮、黄小敏（常德武陵区）。

　　此次"手拉手"结对活动，使得志愿者的"亲情陪伴"进入常态化。励志家园孩子除了对志愿者称呼"老师"以外，还根据年龄大小，分别叫着"叔叔""阿姨""伯伯""妈妈"；志愿者纷纷表示，会不定期多关爱其昨天结对的孩子。3月5日，一位志愿者在QQ上给笔者留言：

"杨教授，您好！我是汪群（化名）小朋友的爱心妈妈，我给女儿留了电话的，没见她打电话过来，也许是不方便。我想请杨教授帮我转达一下我对孩子的挂念，谢谢杨教授！我想说，女儿，妈妈爱你，妈妈没有丢下你，不会不管的。"志愿者担当起了爱心父母的角色，为孩子忙这忙那，架起了一道道"爱心彩虹"，映照着孩子们前进的路！

2. 强化积极情绪的发展陪伴

我们把和励志家园孩子"手拉手"结对活动，逐步上升为"陪伴式"心理辅导。这有两重意义：一是志愿者咨询师放下身段，不居高临下，与孩子们是亲切的朋友关系；二是将"心理辅导"去神秘化，接地气、本土化。

既然是朋友，是亲人，就要定期相会，因此，我们在重要节假日，如"六一儿童节""国庆节""元旦节"，都会组织集体规模的"手拉手"活动。此外，志愿者利用周末探视结对的孩子的机会，开展个别"手拉手"活动，开展强化积极情绪的发展陪伴。

强化积极情绪的发展陪伴让孩子们开心极了

"手拉手"活动与心理辅导交融在一起。首先是嘘寒问暖，然后分享孩子"我的长处（优点）"，说说"本学期（本周）最开心的事情"，还有"哪些方面需要改进"，有什么烦心事及愿望都可以说说，完全是"朋友间"的亲切陪伴、"拉家常"，让孩子看到自己的"长处"，增强积极情绪；之后，还鼓励孩子把说的那些心里话写出来，以进一步强化孩子的积极情绪，增强自我效能感，促进他们心理健康发展。

2014 年 12 月 13 日，来自湖南四个地（州、市）15 个区（县、市）的 32 名志愿者与励志家园孩子开展的"手拉手"活动，正式命名为"陪伴式"心理辅导。首先对志愿者进行"陪伴式"个别心理辅导价值体系培训，并温馨提示：①每位志愿者心理咨询师与 1～2 位孩子结对；②按照记录表的内容提示与孩子交流；③交流过程中避免提及孩子的身世；④做完辅导后将记录表填好。

下面呈现志愿者心理咨询师赵冰清开展"手拉手"——"陪伴式"个别心理辅导留下的记录，让读者窥豹一斑：

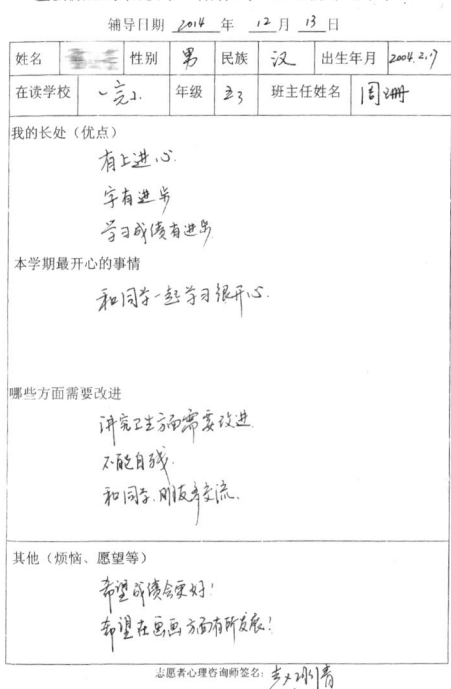

"陪伴式"个别心理辅导记录表

"手拉手"活动登记表的设计，贯穿了积极心理学原理，特别是人本主义思想。凡是对人的行为起到促进作用的情绪就是积极情绪，而对人的行为具有削弱和减力作用的情绪就是消极情绪。在一般情况下，兴奋、愉快、开心、欢乐、激动等情绪属于积极情绪，而紧张、慌乱、伤感、痛苦、生气、心悸等情绪属于消极情绪。从系统的角度而言，一个人的积极情绪和消极情绪合起来整体为"1"，积极情绪增加了，消极情绪就会减少，反之亦然。"手拉手"活动登记表的运用，以人本主义的尊重、热情、积极关注、共情为"基石"，强化孩子们的积极情绪，其心理辅导的巨大作用尽在不言之中；鼓励孩子将说过的话"写出来"，就是吴和鸣老师所提出的"写实验传记"，实践证明，效果是蛮好的。

湖南省湘北地区四个地（州、市）15个区（县、市）的志愿者，每个人至少参加过一两次定期与励志家园孩子（手拉手）"陪伴式"心理辅导活动（培训），其后他们随机、不定期来励志家园与结对的孩子"手拉手"，会灵活采用上述方法，并将这种方法"发散"到所在地域，让更多的孩子受益。

笔者应邀为湖南澧县民政局儿童福利中心"澧县儿童工作创新实验群"陆续主讲《"陪伴式"养育关爱方法》《儿童心理状态及"陪伴式"应对策略》，澧县各乡镇儿童主任、专干，以及红云公益、爱在澧州、青年志愿者协会等社会公益组织的成员都有参加，也许能"一花引来万花开"!

3. 叙事（故事）倾听的健康陪伴

孩子的心理健康出了问题以后，更需要陪伴，需要真心的陪伴。真心陪伴就是真正尊重、理解孩子，不先入为主，给孩子充分表达的机会，耐心倾听他们叙述自己的生命故事，感同身受、将心比心（共情），听出弦外之音，发现产生心理问题的原因，发现症结所在，对其进行认知引导、行为指导，孩子的心理问题就可能"大事化小，小事化了"。这就是叙事（故事）倾听的健康陪伴。

叙事（故事）倾听健康陪伴的有效性，具有深厚的学理依据。"真心陪伴""耐心倾听"，既扎根于我国传统文化中的"以人为本"，也是西方人本主义心理咨询"求助者中心疗法"的"精髓";"叙述故事"能化解心理问题,是精神分析理论"潜意识"得到"意识化"的结果。弗洛伊德在《癔症研究》中指出:"当我们能使患者把激发的事件及其所伴发的情感清楚地回忆起来,让患者尽可能详细地描述这个事件,而且能用语言表述这种情感时,则每一个癔症症状就会立刻和永远地消失。"

具有"真心陪伴"人格特质的教师,以及社会各界人士,把留守儿童心理健康作为自己的福祉,都能成为留守儿童叙事(故事)倾听的健康陪伴者,往往在不知不觉中化解学生的心理纠结和一般心理问题(两个月以内,没有泛化、社会功能基本正常),对有严重心理问题,乃至对疑似神经症的学生也会有所助益。"预防为主,以人为本",防患于未然,减少心理疾病的发生,乃是人类"心理疾患"时代的社会需求,他们不计名利、真心陪伴的工作,在笔者的心目中,应该享有"时代助人者"的荣誉尊称。

2016年11月3日下午,澧县首期留守儿童心理辅导员培训接近尾声,笔者主持案例答疑,学员杨丽带着学校交给的任务,叙述一年级的小朋友张平华(化名)的情况:父母在外打工,爷爷溺爱、奶奶严苛,有时候为一点小事哭,上课有时候故意出声,劝告和批评教育都不起作用,最近好像越来越严重,有一天放学后,因老师一句随意的话,他推倒全班座位、擦掉黑板报,被制止时还大声哭闹……杨丽询问笔者这是不是很严重的心理问题?学校想让家里接回去(休学)是否合适?

笔者当时强调,这孩子"失常"不到两个月,没有泛化,还不能说是严重心理问题,"暂不需要到精神科去,也不用到我主持的湘北心理咨询中心来,更不要单独把孩子请到学校心理辅导室去,这样可能给孩子带来压力,弄巧成拙",同时指导其在教育教学过程中具体"陪伴"的方法(参见第六章第一节),建议照此"办理",随时联系。

11月20日,澧县首届留守儿童心理辅导员"培训效果心理沙龙"如期进行,杨丽老师与大家分享"陪伴式"心理辅导的效果,张平华同学的问题解决了，皆大欢喜！

"真没有想到会有那么好的效果！"杨丽发自内心感慨，随后，她写出纪实性文章《一个神奇的心理辅导故事》，得到广泛赞誉。

2019 年 5 月 4 日，留守儿童心理援助研讨班暨湘北心理服务工作者成长活动在澧县少年宫的演播厅隆重举办，重点研讨"陪伴式"心理辅导的实务操作。那一天，来自湖南省长沙市、益阳市、张家界市、常德市四个地（州、市）15 个区（县、市）70 多位同仁，共同分享澧县陈悦老师如何陪伴"丁丁""当当""向向"三个孩子化解心理问题的精彩过程，引起强烈共鸣（参见第六章第二节）。

在澧县区域性推进心理健康教育的过程中，笔者深感教师"当好学生心理保健医"的重要性，于 2007 年开始指导国家二级心理咨询师陈新桂在班主任工作中开展"陪伴式"个别心理辅导行动研究，其成果《蹲下来——班主任心理辅导的重要前提》于 2008 年公开发表；从对澧县励志家园一群特殊留守儿童"陪伴孩子们成长"，到"陪伴式"个别心理辅导的思考，进而在留守儿童心理援助的草根实践中，深入探讨"陪伴式"个别心理辅导的"范式"，揭示三种形式（形态）的存在，并上升到理性思维的层面，初步形成了"'陪伴式'个别心理辅导"的概念化认知，然后付诸实践、应用推广。特别是对叙事（故事）倾听"陪伴式"健康心理辅导的创新思考与大胆尝试，突破了心理咨询教科书中的某些"条规"，给应用心理学（心理辅导）走向"田边地头"，提供了实践操作、观摩探讨的样本，激发了广大草根同仁对心理咨询学中国本土化探讨的浓厚兴趣与实践热情。

二、"陪伴式"个别心理辅导的法规依据、现实意义

在留守儿童心理援助的过程中，我们深入探讨"当好儿童（中小学生）心理保健医"具有心理咨询学意义的途径、方法，及至 2014 年 12 月 13 日，"陪伴式"心理辅导正式命名。"三种'陪伴式'心理辅导方

法，既是理论层面的创新性贡献，也极具实际操作、运用价值"（吴和鸣·序三）。

1. "陪伴式"个别心理辅导的法规依据

第一，教育部《中小学心理健康教育指导纲要（2012 年修订版）》明确要求，"学校应将心理健康教育始终贯穿于教育教学全过程"、"要注重发挥教师人格魅力和为人师表的作用，建立起民主、平等、相互尊重的师生关系。"这为教育行政部门和广大教师开展学校心理健康教育指明了"着力点"，也为开展"陪伴式"个别心理辅导提供了思维空间、逻辑支撑、宏观"规条"。

第二，2020 年 4 月 24 日，教育部中小学心理健康教育专家指导委员会在《给全国中小学校新学期加强心理健康教育的指导建议》中强调，"特别关注情绪波动较大的学生，提供陪伴性心理辅导"，这大大提高了我们深入探讨"陪伴式"健康心理辅导的文化自信。

第三，《中华人民共和国家庭教育促进法》第十七条第一款明文规定，家长对孩子要"亲自养育，加强亲子陪伴"。"陪伴"能满足孩子多方面的心理需要，产生安全感、温暖感、信任感、力量感。

2. "陪伴式"个别心理辅导的现实意义

第一，它具有普适性、普惠性，不受专业限制。本书《一个神奇的心理辅导故事》等案例，都说明不受专业限制、具有"真心陪伴"人格特质的教师，以及社会各界人士，都能够运用"陪伴式"个别心理辅导，当好儿童（中小学生）的心理"保健医"。

林崇德教授是教育部中小学心理健康专家委员会的负责人，在他的专著《教育的智慧——写给中小学教师》一书中，有专章《教师要当好学生的心理保健医生》，强调教师要承担起"当好学生心理保健医"的任务。

中国心理学会原副理事长张建新教授，他用"朝阳大妈"的实例，"说明真正发挥作用的心理学方法不需要很多的高深理论、科学论证，有用是重要标准。"他还说，"不拘泥于科学范式的、普适的、普惠的应用心理学，将在社会心理服务建设中发挥巨大作用。"

心理专家李子勋说，"我主张忘掉心理学，用人文的、人性的视角去看待来访者，就更能深入本质。"也许由于没有深入本质，曾经贻误了多少有效帮助孩子的机会，造成了多少不应该有的损失，甚至是悲剧。

第二，它能够为儿童（中小学生）的心理健康最大化地谋福祉。教师、家长、社会人士，都能运用普适、普惠的"陪伴"，最大限度化解孩子的心理纠结、痛苦，降低他们自残、轻生的概率……哪怕一句亲近的话语，甚至一个温暖的微笑，都能给孩子点亮前行的路灯。现在儿童自残、轻生的现象呈上升趋势，时有悲剧发生，我们看在眼里，痛在心里，要救救孩子！

第三，它能够为我国心理咨询学的本土化建设提供思考"点"。"陪伴式"个别心理辅导扎根于我国传统文化中人本主义的"以人为本"，"陪伴"是"以人为本"的生活化表达。自古以来，我国民间运用"陪伴"来化解纠结、烦恼，进行危机干预。比如说，一个家庭出了悲伤事件，邻居、亲友轮流去陪伴他的家人等，能产生很好的效果。中国地质大学（武汉）吴和鸣先生曾担任"东方之星号"客轮沉船事件心理援助的总督导，他们做心理援助、危机干预的"陪伴"故事，让人深受启发。可惜，很少有人深入探讨、挖掘"陪伴"的心理学意义、心理咨询学意义，提起心理咨询学，人们往往只想到西方的各大流派，提起人本主义，也只会想到西方的学者。

三、"陪伴式"个别心理辅导个人修为

留守儿童心理援助的难点是学校全体教师的培养。心理健康教育贯穿学校教育教学的全过程，留守儿童和非留守儿童接受教育教学的过程，也是促进他们心理发展的过程，每一位教师，都要当好学生的心理

保健医，都是孩子心理发展的辅导师。真正优秀的教师，必定能走进学生的心灵，他的一言一行、一举一动都会深刻影响学生，"用人格培育人格"，"用一棵树摇动另一棵树"，留守儿童"陪伴式"个别心理辅导也必然如此，也必然要求"学校全体教师"加强个人修为。

1. 留守儿童心理援助培训班注重个人操行修炼

从 2016 年至 2018 年，我们连续三年举办留守儿童心理辅导员培训班，从课程目标的制定到课程内容的实施，都把心理辅导员的个人成长操行修炼纳入"行动计划"：一是将"个人操行"作为遴选上课教师的首要条件，主要是考察口碑、言行，看是否具有正确的世界观、人生观和价值观，是否有敬畏之心、谦卑之心、仁爱之心和感恩之心，是否践行社会主义核心价值观，坚信"中国梦，我的梦"；二是开班典礼中强调人格特质对心理辅导效果的影响，并在课程内容中设计了"个人操行条件"练习；三是教学过程体现"个人成长操行"的外化（示范），包括教师自身的教学态度，以及对心理辅导过程的指导是否体现积极关注、无条件尊重，等等。

在众多"个人成长操行"练习中，我们选择"请你用'是'或'否'回答"进行自我评估，引导自我反思，鼓励自我修为。

此练习一共有 16 个问答题：

①你对他人真的很有兴趣吗？

②遇到挫折时，你是否比较容易心情烦乱，无法集中注意力？

③你能否耐心地倾听他人诉说和你相反的观点、意见，而不会排斥、不耐烦？

④你批评他人时是否按自己的价值标准？

⑤对别人说话，你能否抓住"重点"？

⑥当你倾听别人倾诉时是否希望别人赶快讲完，然后就可以尽情地陈述自己的观点？

⑦别人陈述问题时你是否专注？

⑧当别人告诉你隐私时，你是否会表现出好奇、震惊或惊讶？

⑨当你对求助者的心理问题的原因感到迷惑时，通常是否有强烈的愿望去深入寻找？

⑩对于你喜欢的人，你是否容易只看到他的优点，反之，对不喜欢的人，是否常看到对方的缺点？

⑪别人是否认为你能理解他人的心情？

⑫如果你的意见和求助者有出入，你是否更愿意相信自己的判断？

⑬你能否化解对他人的不满而不会使自己感到不舒服？

⑭你是否常主动地给别人一些忠告或建议？

⑮有人说，江山易改，本性难移，但你更愿意相信人是可改变的？

⑯如果与你打交道的人让你感到不舒服，你的情绪就会低落，甚至可能回避？

评分方法（下列回答各计一分）：①是，②否，③是，④否，⑤是，⑥否，⑦是，⑧否，⑨是，⑩否，⑪是，⑫是，⑬是，⑭是，⑮是，⑯否。

现场答题、现场评分，现场统计、解释说明，引导学员联系实际，在培训学习期间，在日后的工作中自我学习。

如果得分在13分以上，一般来说，你已具备了有效地帮助他人的基础（职业态度、人格条件）。

如果得分在10分以下，那就需要仔细衡量自己为他人提供的帮助是否得当，需要加强学习，加强日常学习，自我成长。

得分在13分以上的人，大多表现出热情（倾听）、尊重、真诚、通情达理、自信、有勇气、心胸开阔、自知、温暖、接纳、较为客观、理解他人、无偏见、不武断、有条理、非支配性等良好的人格特质；人格特质良好，其心理也会是健康的，这些都是有效助人的底层逻辑，也是助人者自我修为的目标。

三个班培训结业，每位学员联系实际写出的心得文章，展示了他们个人成长、自我修为的心迹，有的说，"这次学习是我人生一个新的起点，教师人格成长就是学生的教科书"，有的说，"以前总是抱怨孩子不听话，难教难管，现在知道，原来是我教师脸谱的专制造成的，我将从现在改变自己、学以致用"，等等。

2. 个人修为要把人格特质的修炼放在首位

学校教师心理辅导个人修为包括人格特质和专业技能两个方面，要把人格特质修炼放在首位。人格特质与专业技能也不是截然分开的，有不少内容是互通的，上面所列良好人格特质中的"热情（倾听）、温暖、尊重、真诚、通情达理、接纳"等，也属于（人本主义）技术，是建立良好心理辅导关系的"必经之道"，良好关系本身就具有帮助人的效果。2020 年 8 月 27 日，心理学家张建新在《让心理学真正服务于中国人民》一文中指出："三言两语就可以调解家庭关系、亲子冲突的'朝阳大妈'，学识谈不上深厚，但在生活中发挥着巨大的作用。这说明真正发挥作用的心理学方法不需要很多的高深理论、科学论证，有用是重要标准。""不拘泥于科学范式的、普适的、普惠的应用心理学将在社会心理服务建设中发挥巨大作用。"作为教师，我们要有这样的文化思考。

学校一般教师，无论是班主任，还是科任教师，只有踏上人本主义心理辅导的"必经之道"，才能和孩子们有效沟通，助人自助，大问题化小、小问题化了。学校体制中的国家职业资格心理咨询师，是学校老师开展心理健康教育、进行心理辅导的顾问或督导，应该随时做好接受个案转介，特别是做好学生危机干预的准备，因此，在专业修为方面的要求自然要高一些。当前心理学学科流派林立，作为扎根乡村泥土的中小学心理服务工作者，不要追求空洞的理论培训，而要植根于中国传统文化，以唯物辩证法为辨别力，建立充分的文化自信，立足本土的生活与自身的实际，学一点就用一点，脚踏实地、探索专业修为的自我成长之路。

心理学必须与它所处时代的政治、经济、社会、文化紧密相关，才能呈现出勃勃生机，才能促进心理学更好地服务于这个时代，服务于这个时代的人民。留守儿童心理辅导助人者人格特质的自我修为、学习，也应该和我们新时代的政治、经济、社会、文化紧密相连，同频共振，借助新时代的伟大力量勇往直前！

3. 人格特质修炼需要社会榜样力量的引导

2021 年 7 月 1 日上午，庆祝中国共产党成立 100 周年大会在北京天安门广场隆重举行，"七一勋章"获得者张桂梅等出席观礼。他们是毕生护卫祖国和人民的优秀共产党员，是党用最高荣誉礼敬的人。此次他们被邀请，体现了党对这些"来自人民、根植人民、立足本职、默默奉献的平民英雄"的敬意。

榜样的力量是无穷的。这些平民英雄，以及在全国各条战线、各行各业涌现出来的中国脊梁、时代精英、先进典型，他们伟大的家国情怀、卓越的专业贡献，都是留守儿童心理辅导学校中小学教师、社会心理服务工作者坚持个人修为的"方向标"！

张桂梅 1998 年 4 月入党，是云南省丽江华坪女子高级中学党支部书记、校长，华坪县儿童福利院（华坪儿童之家）院长，党的十七大代表。她扎根贫困地区 40 余年，推动创办全国第一所全免费女子高中，帮助近 2000 名贫困山区女孩圆了大学梦，探索形成"党建统领教学、革命传统立校、红色文化育人"特色教学模式，用红色基因树人铸魂。她拖着病体忘我工作，持续 12 年家访超过 1600 户，行程 11 万余公里，为教育事业奉献一切，被孩子们亲切地称为"张妈妈"。

2020 年，中宣部授予张桂梅"时代楷模"称号，网友纷纷留言"实至名归"，张桂梅荣获"感动中国 2020 年度人物"，事迹感动无数人；近年来，张桂梅先后获得"全国脱贫攻坚楷模""全国优秀共产党员""全国先进工作者"等荣誉称号；2021 年 2 月 25 日，张桂梅当选"全国脱贫攻坚楷模"，她坐在轮椅上，被推上台领奖的一幕，让无数网友湿了眼眶。

"七一勋章"授勋当晚，有网友写道："张桂梅走入人民大会堂，看到张校长手上布满膏药，突然感觉泪目。向您致敬！这个世上没有几个人是真想替他人改命的，但她是！她改的是那些可能被磨灭的，被牺牲的，被忽视的女孩子的命。华坪中学校训为'我生来就是高山而非溪流，我欲于群峰之巅俯视平庸的沟壑。我生来就是人杰而非草芥，我站在伟人之肩藐视卑微的懦夫！'张校长一定要注意身体啊。看着她下楼时佝偻的身影，眼泪一下就出来了，总有人在物欲横流的世界涤荡我们的心灵。"

张桂梅老师在"七一勋章"颁授仪式发言中说："我们在学生心中深埋一颗颗红色的种子，帮她们系好人生第一粒扣子，引导她们做共产主义事业的接班人。学生们远方有灯、脚下有路、眼前有光，在山沟沟里也能看到外面精彩的世界，看到美好的未来。"

信念、信仰的力量是巨大的。留守儿童心理辅导学校中小学教师、心理咨询师的自我修为，需要赓续红色文化，需要学习张桂梅的精神，要远方有灯，就是坚信中国共产党一定能带领全国人民实现中华民族的伟大复兴；眼前有光，就是将青少年的身心健康作为自己的福祉，为实现中华民族的伟大复兴培养合格人才；脚下的路怎么走，无论是人格特质的修为，还是专业能力的提升，都不要好高骛远，要言行一致、脚踏实地，行知合一、反思创新。

4. 在心理服务实践中促进个人修为不断升华

"行"，就是实践，在教育学生的过程中促进自身人格的升华。2018年9月10日，习近平同志在全国教育大会上强调，要在学生中加强中国历史特别是中国近现代史、中国革命史、中国共产党史、中华人民共和国史、中国改革开放史等的教育，坚持不懈培育和弘扬社会主义核心价值观。只有社会主义才能救中国，只有坚持和发展中国特色社会主义才能实现中华民族伟大复兴。要给学生讲清楚这一被实践证明了的历史逻辑和现实逻辑，增强学生的中国特色社会主义道路自信、理论自信、制度自信、文化自信，不被任何干扰所惑，立志肩负起民族复兴的时代重任。学校教师要用习近平总书记讲话中的内容教育学生，也内化自己，形成自我修为的大胸怀、大格局。

"行"，就是磨练，在心理辅导实践的过程中提高自身的专业技能。知识可以学习得到，即懂了；而技能只能通过练习得到，即会了。反复练习才能熟练，继续练习，才会熟能生巧。

2005 年，澧县以心理咨询、心理辅导为切入点，在全县中小学区域性开展心理健康教育。当时，笔者与心理咨询培训班的学员共同研讨，"摸着石头过河"，在实践的基础上形成《心理咨询教师工作十二"要"与十二"不要"》文本，作为培训学员返校后开展心理咨询、心理辅导的"指南"，前 6 项侧重人格操行方面的内容，后 6 项侧重于专业技能的内容，现将此文本摘录如下：

心理咨询教师工作十二"要"与十二"不要"

一、要无私奉献，不要误人子弟；

二、要主动真诚，不要冷面做作；

三、要平等温暖，不要高人一等；

四、要耐心倾听，不要随意打断；

五、要理解尊重，不要评判指责；

六、要完整接纳，不要自我排斥；

七、要科学评估，不要盲目包揽；

八、要由果索因，不要断章取义；

九、要引导领悟，不要包办代替；

十、要因人而异，不要生搬硬套；

十一、要守信保密，不要泄密张扬；

十二、要协同配合，不要孤军奋战。

当年作为检查评估内容，澧县所有的心理咨询室，或自主命名为"心理辅导室""阳光小屋"等，都要将"十二'要'与十二不'要'"

张贴上墙，作为对学校心理辅导员工作的"规范性"引领。"要"与"不要"发挥了应有的作用，及至2016年开始连续三年举办留守儿童心理辅导员培训班，其中有不少"过来人"记忆犹新、予以重提。作为"要"与"不要"的"始作俑者"，笔者将其粘贴在三个班的微信群里，再次解读强化，组织交流互动：一是深情回眸澧县那段区域性推进心理健康教育的应用心理学历史；二是承前启后，希望对留守儿童心理辅导员的自我学习提供点滴帮助！

四、"陪伴式"个别心理辅导健康科普

赵冰清　杨铮传

编者按：开展"陪伴式"个别心理辅导的主体是教师，每一位教师，都要为留守儿童和非留守儿童的心理健康谋福祉。在当前重力推进心理健康教育的语境中，"心理学要扎根基层，迈向人民"（梅建·序一），预防为主，以人为本，"当好学生的心理保健医"，广大中小学教师、学生家长迫切需要心理健康科普常识单列文本以供学习。这篇文章在吴和鸣老师的指导下撰写，包括"正常心理与异常心理概览""亚健康的现实表现""神经症的简要评定""精神分裂的前驱症状"，以及"自觉遵守法规、伦理，遵循科学方法论"等方面的科普常识，以应急需。

从内容来看，"陪伴式"个别心理辅导有发展心理辅导和健康心理辅导之分。

留守儿童在成长过程中出现的困惑、纠结和障碍，自己不知如何面对，起始是发展心理问题，对这些方面的个别引导，称为发展心理辅导。其辅导内容，包括与父母分离的适应、自我管理的完善、不良习惯干扰的排除、同学之间纠纷的解决、学习方法的优化、学习成绩自我期望的调整、青春期性心理的优化、情绪调控、人格完善等。如果上述发展心理问题没有被及时解决，积沙成塔，就可能产生持续的焦虑、恐

惧、抑郁、人际关系敏感、强迫症状（不可控制的思维、意向、行动），乃至出现无生理基础、主观上感觉到的躯体不适感，如头疼、背痛、肌肉酸痛……造成社会功能受损，如注意力不集中、害怕交往、生活兴趣减退等，表明心理健康出了问题。心理健康问题可评估为一般心理问题、严重心理问题、疑似神经症等，协助他们解决这类问题，属于健康心理辅导范畴。

无论是发展心理辅导，还是健康心理辅导，都需要心理健康教育科普知识作为"探照灯"。教育部《中小学心理健康教育指导纲要（2012年修订版）》规定，"学校应将心理健康教育始终贯穿于教育教学全过程。心理健康教育的主要内容包括：普及心理健康知识，树立心理健康意识，了解心理调节方法，认识心理异常现象，掌握心理保健常识和技能。"这对学校教师高标准了解、掌握心理健康教育科普常识的要求已经不言而喻。笔者作为扎根基层教师教育培训机构的应用心理学工作者，常年在一线摸爬滚打，培训教师、开展教育教学应用心理学课题研究，深知当前学校教师，特别是农村学校教师心理健康教育知识的普及率，与国家提出的要求可能存在较大差距，这势必影响心理健康教育工作的开展，也必然影响"陪伴式"个别心理辅导的效果。

心理健康教育科普知识这盏"探照灯"，应该包括"正常心理与异常心理""亚健康心理""神经症""精神分裂前驱症状"，以及法规、伦理、方法论等方面的基本常识。

1. 正常心理与异常心理概览

人的心理，从心理卫生的角度，分为正常心理和异常心理两大类。

正常心理包括心理健康和心理不健康（亚健康）两个方面。

心理不健康（亚健康）有一般心理问题、严重心理问题和疑似神经症三个层次。

异常心理主要有神经症性障碍、人格障碍和精神病性障碍几种类型。

　　按照中国精神障碍分类与诊断标准（CCMD 系统），神经症性障碍包括惊恐障碍、恐惧症、广泛性焦虑障碍、强迫障碍和神经衰弱等。

　　人格障碍包括偏执型人格障碍、分裂型人格障碍、社交紊乱型人格障碍、情绪不稳型人格障碍、表演型人格障碍、强迫型人格障碍、焦虑（回避）型人格障碍、依赖性人格障碍。

　　在 CCMD-3 中，比较严重的精神病性障碍包括以下几类：

　　器质性精神障碍，主要指脑器质性精神障碍（包括颅内感染、外伤及肿瘤所致精神障碍，癫痫所致的精神障碍等），以及躯体疾病所致精神障碍（包括躯体感染所致精神障碍，内分泌疾病、结缔组织疾病及内脏器官疾病伴发的精神障碍）。

　　精神分裂症及其他精神病性障碍，包括精神分裂症，妄想性障碍，以及急性短暂性精神病性障碍。精神分裂症是一组病因未明的精神病，多起病于青壮年，常缓慢起病，具有思维、情感、行为等多方面的障碍，以及精神活动的不协调。这是临床发病率最高的重性精神疾病。

　　心境障碍，临床分型为抑郁障碍，双相障碍，及持续性心境障碍。

　　人的心理状态概览如下：

●人的心理状态

	正常			异常（病态）					
心理健康	（一般）心理问题	严重心理问题	神经症性心理问题	神经症	精神分裂症	分裂型情感障碍	心境障碍（双向）	偏执型精神障碍	癫痫所致精神障碍	器质性精神障碍

←—— 不（亚）健康

　　世界卫生组织关于"健康"的概念："健康是整个身体、精神和社会生活的完满状态，而不仅仅是没有疾病和体弱。"

传统的健康观是"无病即健康"，现代人的健康观是整体健康：身体健康、心理健康和良好的社会适应状态。

心理健康与身体健康的关系十分密切，消极情绪可能引发一系列生理变化，例如，紧张情绪可造成心跳加快或变慢、血管扩张或伸缩、血压不稳定、呼吸急促、屏气或哮喘发作、瞳孔变化、出汗、消化道运动减弱、消化液分泌减少、尿生成减少、肌张力增高等。

消极情绪引发的一系列生理变化，可能影响身体健康，导致疾病。请看三种动物的遭遇：

内心矛盾的猫：将猫放在特制的笼子里，笼内有根一压杆，压一下可获得食物，同时也挨一次电击。每次猫都提心吊胆地去压杆，同时也都免不了挨电击。结果呢，饥饿的猫想吃东西，又不敢去碰压杆，内心矛盾重重，过一段时间血压升高，得了"高血压病"。

提心吊胆的猴：笼子里关两只猴，一只四肢被捆住，一只可自由活动。每隔 20 分钟给笼子通一次电，使两只猴子都挨一次电击；笼中有一根压杆，只要在将近 20 分钟时去压它一下，就可免遭一次电击；那只自由活动的猴子老得惦记着去做这件事，否则就会受一次痛苦，另一只猴子反正动不了，也就不操这份心。结果呢，那只提心吊胆、疲于奔命的猴子患了"胃溃疡"，另一只却安然无恙。

无所适从的狗：

让狗看两种图像：　　◯　有吃的
　　　　　　　　　　◯　电击

形成条件反射后：

　　　　　◯　狗摇头摆尾流口水、十分高兴

　　　　　◯　狗十分紧张、准备防御，以逃避电击

　　将 ◯ 逐渐变为
　　　　　　　　　　◯ ＞ 两者越来越近
　　将 ◯ 逐渐变为 ◯

当椭圆形和纺锤形逐渐改变，两者越来越接近的时候，狗表现得惶恐不安、无所适从，在笼子里乱叫，经过一段时间，患了"焦虑症"。

2. 亚健康状况的现实表现

心理不健康就是人们常说的亚健康。现实中亚健康的表现是怎样的，我们应该有所知晓；亚健康状况的评估标准是怎样的，我们也要有所了解。

一般心理问题：由现实因素激发，持续时间较短，情绪反应能在理智控制之下，不严重破坏社会功能，情绪反应尚未泛化的心理不健康状态。对一般心理问题的判别，要考虑以下几个方面：

症状：体验到不良情绪，如厌烦、后悔、懊丧、自责等；不良情绪反应仍在理智控制之下，始终能保持行为不失常态。时间（病程）：一个月以上，两个月以内。严重程度：没有泛化。社会功能：基本正常，但效率有所下降。

严重心理问题：由相对强烈的现实刺激激发，初始情绪反应强烈，持续时间较长，内容充分泛化的心理不健康状态。"这种不健康状态"单纯地依靠"自然发展"或"非专业干预"难以解脱，对其评估，要从以下几个方面来考量：

症状：体验到痛苦情绪，如悔恨、冤屈、失落、恼怒、悲哀等。时间（病程）：两个月以上，半年以内。严重程度：内容充分泛化，痛苦难以解脱。社会功能：对生活、工作、社会交往有一定程度的影响，有时伴有某方面的人格缺陷。

可疑神经症：如果在严重心理问题后的一年之内，求助者的社会功能方面出现严重缺损，内心冲突是变形的，根据许又新教授的神经症简易评定法还不能确诊为神经症，它已接近神经症，或者就是神经症的早期表现。

下面所编"劈头盖脸"的故事，也许能给人提供心理健康方面的直观领悟：

同卵五胞胎孩子在同一个班级读书，数学考试中同一道题，因为粗心他们都做错了。放学后，妈妈去学校接孩子，得知此情况，当着老师还有部分同学的面，对他们"劈头盖脸一饱餐"，以示警诫。

老大过后对自己说，"下次可要仔细点啊，妈妈是提醒我，鞭策我进步，我可不能辜负了妈妈对我的期望。"这表明他的心理健康，内心强大。

老二因为这事儿情绪低落，上课注意力不能集中，老想着老师和同学异样的眼光，总觉得面子上过不去，吃饭不香，觉也睡不好，后来想到妈妈的爱心，自己也确实需要改掉粗心的毛病，这种状况仅持续两三周的样子就没事了，基本上没有影响正常的学习。这属于一般心理问题（老二自己化解了）。

老三敌对心理严重，从此不听妈妈的话，后来泛化到连爸爸的话也不听了，发展到在学校里注意力不集中，有时候干脆趴在座位上睡觉，这种情况持续两个月以上，自我调整不见效果，已经属于严重心理问题，需要求助于心理咨询师。

老四后来考试时必须反复检查，明知题目做对了也不放心，担心出现不该出现的错误，后来发展到反复洗手，明明知道手已经洗干净，但有时候控制不住自己，内心纠结，伴发焦虑，已超过半年，对学习、生活有一定程度的影响。此时的强迫症状，可能到了可疑神经症的程度。

老五郁郁寡欢很长一段时间，慢慢变得冷漠消沉，内心极度自卑、敏感、不合群，总觉得别人看不起他，好像自己低人一等；睡眠紊乱，白天昏昏欲睡，晚上想东想西，感觉很累，懒散，日常生活和学习活动严重受损，好像生活在黑暗的世界，绝望，很想去死……精神科医生诊断为抑郁症。

老大心理健康，老二、老三、老四心理不健康，但都属于"心理正常"范畴。

只有老五的心理才叫不正常，抑郁障碍是精神病性障碍的范畴。

3. 神经症的简易评定

一般心理问题是指在近期发生的、内容尚未泛化、反应程度不太强烈的情绪问题，能找到相应的现实的原因，思维合乎逻辑，人格也无明显异常。一般心理问题是"陪伴式"心理咨询、心理辅导的主要工作范式，心理辅导的效果也比较好。

如果症状超过 2 个月，并且内容泛化，到了"一年遭蛇咬，十年怕井绳"的程度，严重影响学习、生活和工作，就到了严重心理问题的程度，甚至到了疑似神经症的"地界"。此时需接受心理咨询与治疗。只有及时发现问题，及时解决问题，才能使我们活得轻松，活得自由，活得幸福！问题往往出在有的人误以为心理上一点点问题，熬一熬就会过去；看心理咨询师、心理治疗师不习惯，也不想让人知道自己有心理问题。其实，我们的身体方面有了问题，能坦然地去医院，有了心理方面的问题，又为什么不能主动和心理咨询师、心理治疗师联系呢。如果长期熬下去，就可能发展到神经症的程度，治疗的难度就加大了，需要药物治疗，同时也需要心理咨询、心理治疗配合，将大大增加治疗的费用，以及时间成本。

神经症：传统的神经症指的是持久的心理冲突，当事人能觉察到这种冲突，并感到痛苦，影响其心理功能或社会功能，但没有任何可证实的器质性病理基础。

神经症的评定：

①病程：不到 3 个月为短程，评分 1；3 个月到一年为中程，评分 2；一年以上为长程，评分 3。

②精神痛苦程度：轻度者，当事人可以主动设法摆脱，评分 1；中度者，当事人自己摆脱不了，需借助别人的帮助或处境的改变来摆脱，评分 2；重度者，当事人几乎完全无法摆脱，即使别人安慰他，或陪他娱乐，或异地休养也无济于事，评分 3。

③社会功能：轻度者，能照常工作，人际交往受到轻微影响，评分 1；中度者，社会功能受损，工作学习或人际交往受到明显影响，不得不减轻工作量或改变工作方式，或不得不尽量避免社交，评分 2；重度

者，社会功能受损，完全不能工作学习，不得不休病假或退学，或某些必要的社会交往完全回避，评分 3。

如果总分为 3，还不能诊断为神经症，如果总分大于 6 分，神经症的诊断就可以成立。4～5 分为可疑病例，须进一步观察确诊。另外，对精神痛苦和社会功能的评定，至少要考虑近三个月的情况才行，评定涉及的时间太短是不可靠的。

4. 精神分裂症的前驱症状

精神分裂症是严重精神障碍中发病最多的一种，是一组病因未明的精神疾病，具有思维、情感、行为等多方面的障碍，以精神活动和环境不协调为特征。

通常意识清晰，智能尚好，部分病人可出现认知功能损害。多起病于青壮年，常缓慢起病，病程迁延，有慢性化倾向和衰退的可能，但部分病人可保持痊愈或基本痊愈状态。

临床表现（前驱症状）：

性格改变：原来活泼开朗、热情好客的人，变得沉默少语，独自呆坐似在思考问题，不与人交往；一向干净利索的人变得不修边幅、生活懒散、纪律松弛、做事注意力不集中；原来循规蹈矩的人变得经常迟到、早退、无故旷工、工作马虎，对批评满不在乎；原来勤俭节省的人，变得挥霍浪费，本来很有兴趣的事物也不感兴趣等。

神经衰弱表现：逐渐或突然变得难以入睡、易惊醒或睡眠不深，整夜做噩梦或睡眠过多。

异常行为：行为逐渐变得怪僻、诡秘或者难以理解，喜欢独处，不适宜地追逐异性，不知羞耻，自语自笑，生活懒散，发呆发愣，蒙头大睡，外出游荡，夜不归家等；脱离现实，沉湎于幻想之中，做"白日梦"。

多疑：对什么事都非常敏感，把周围的一些平常之事和自己联系起来，认为是针对自己的。如别人在交谈，总认为是在议论自己；别人偶尔看自己一眼，认为是不怀好意。有的甚至认为广播、电视、报纸的内容都和自己有关，察言观色，在意别人的一举一动；有的认为有人要害他，不敢喝水、吃饭、睡觉；有的认为爱人对他（她）不忠从而进行跟踪调查等。

情感变化：情感变得冷漠、失去以往的热情、对亲人不关心、缺少应有的感情交流，与朋友疏远，对周围事情不感兴趣，或因一点小事而发脾气，莫名其妙地伤心落泪或欣喜等。

语言表达异常：与其谈话话题不多，语句简单、内容单调，谈话的内容缺乏中心或在谈话中说一些与谈话无关的内容，使人无法理解，感觉交谈费力或莫名其妙，或自言自语，重复同一内容等。

对精神分裂症等重型精神病，一旦发现，要当即联系家长，转诊精神科治疗。当然，也不是一转诊就万事大吉了，根据实际情况，配合精神科专家对病人恰到好处的"陪伴"也是必要的。

5. 自觉遵守法规、伦理，遵循科学的方法论

在"陪伴式"心理咨询、心理辅导的过程中，自觉遵守相关法规、伦理极其重要；科学方法论的遵循，会使我们对来访者"症状"（变化）的认知更贴近实际，会让我们的心理服务工作产生更好的效果。

我国《精神卫生法》第十六条规定："各级各类学校应当对学生进行精神卫生知识教育；配备或者聘请心理健康教育教师、辅导人员，并可以设立心理健康辅导室，对学生进行心理健康教育。学前教育机构应当对幼儿开展符合其特点的心理健康教育。"第二十三条规定："心理咨询人员应当提高业务素质，遵守执业规范，为社会公众提供专业化的心理咨询服务。心理咨询人员不得从事心理治疗或者精神障碍的诊断、治疗。心理咨询人员发现接受咨询的人员可能患有精神障碍的，应当建议其到符合本法规定的医疗机构就诊。"

教育部《中小学心理健康教育指导纲要（2012年修订版）》，明确了心理健康教育的指导思想和基本原则，"必须高举中国特色社会主义伟大旗帜，以邓小平理论、'三个代表'重要思想和科学发展观为指导，学习践行社会主义核心价值体系，贯彻党的教育方针，坚持立德树人、育人为本……"

心理咨询、心理辅导的伦理风险无处不在，自觉遵守法律、行规加以规避是非常必要的。《精神卫生法》规定"心理咨询人员应当尊重接受咨询人员的隐私，并为其保守秘密。"《中小学心理健康教育指导纲要（2012年修订）》提出"开展心理辅导必须遵守职业伦理规范，在学生知情自愿的基础上进行，严格遵循保密原则，保护学生隐私，谨慎使用心理测试量表或其他测试手段，不能强迫学生接受心理测试，禁止使用可能损害学生心理健康的仪器，要防止心理健康教育医学化的倾向。"《中国心理学会临床与咨询心理学工作伦理守则》（第二版）指出："心理师应按照法律法规和专业伦理规范在严格保密的前提下创建、保存、使用、传递和处理专业工作有关信息（如个案记录、测验资料、信件、录音、录像等）。""心理师及其所在机构在与媒体合作前应与媒体充分沟通，确认合作方对心理咨询与治疗的专业性质与专业伦理有明确的了解，提醒其自觉遵守伦理规范，承担社会责任。"

从2003年到2017年，在连续5版《国家职业资格培训教程·心理咨询师（基础知识）》教程中（以下简称《教程》），均对"心理咨询师的基本条件"进行了阐述。2003年5月第1版明确心理咨询师的"思维方式——辩证唯物主义观点"，在其后修订的4版中，都把"心理咨询师应有的思维方式与态度"放在心理咨询师基本条件的首位。同时对辩证唯物主义观点（唯物辩证法）在心理咨询中的运用进行了"提示性"的具体阐述，包括坚持科学反对迷信的唯物主义观点，普遍联系的观点（身心一体，心理、生理和社会因素交互作用，心理活动"牵一发而动全身"，各种咨询方法整合运用效果好），限制性（度）的观念（职责限制，时间限制，情感限制和目标限制），历史—逻辑—现实相统一的发展观和中立性态度等。

连续4版《教程》，都特别强调科学方法论的重要性，"心理咨询师能取得满意的工作效果重要的因素之一，是咨询师持有正确的观点与态度。正确的观点与态度是心理咨询的关键，这是许多咨询工作者在长期的咨询实践中逐步积累的经验"。实践表明，"陪伴式"个别心理辅导更需要"正确的观点与态度"的支持。

五、"蹲下来"——班主任心理辅导的重要前提

陈新桂

编者按：本文作者湖南省南县陈新桂老师，既是一位优秀的班主任，又是国家二级心理咨询师，还是中华儿慈会留守儿童心理援助项目组成员；曾主持省级课题初中生心理辅导研究，荣获省一等奖；聘请笔者任指导老师，深入开展在班主任工作中对学生进行心理辅导行动的研究，其《蹲下来——班主任心理辅导的重要前提》一文公开发表在《教师》。

个别心理辅导是学校开展心理健康教育的重要途径和方法之一。学校个别心理辅导是指班主任、专兼职心理辅导教师、科任教师，以及校外辅导员遵循心理学的原理，采用心理学的方法，与有需要提供帮助的学生建立良好的人际关系，进行沟通交流，以预防或消除学生非线形的心理障碍，促进学生心理发展的过程。

目前，我国中小学校有心理咨询职业资格的心理辅导教师极少。即使一所学校配备了有心理咨询职业资格的教师担任专职或兼职心理辅导工作，但面对中小学生日益突出的发展心理问题和心理健康问题，也难以真正做到及时解决。而班主任时时刻刻和学生打交道，了解和熟悉每一位学生的身心发展状况、学习生活状况，最能科学、综合看待学生的全面发展，最能及时发现并处理可能出现不良后果的问题。所以，在我国中小学心理辅导体系中，班主任处于核心地位。如何提高班主任对学生进行个别心理辅导的效果，是一个值得研究的课题。

笔者长期担任班主任工作，积累了 20 年的经验，特别是接受国家

职业心理咨询师系统培训与考试考核之后，深深体会到，"蹲下来"是提高班主任个别心理辅导效果的重要前提。所谓"蹲下来"，就是指班主任和学生建立平等亲和的辅导关系，以朋友的身份与学生进行交流，并在心理辅导过程中一以贯之。

我们知道，良好的师生关系是教育成功的"秘诀"。班主任对学生进行心理辅导，必须建立在平等亲和的基础之上。由于文化积淀的原因，我国职业领域的人际关系具有"约定俗成"的特征，如教师与学生：主动—被动；教师与家长：指责—遵从；父母与孩子：支配—服从；医生与病人：独立—依赖；上级与下级；配合—排斥。上面的种种关系都有"主次"之分，唯有朋友之间是平等合作的关系，没有高贵与低贱之别。倘若有，朋友就不复存在。现在构建和谐社会，倡导以人为本；实施新课程的核心理念是"一切为了学生的发展"，传统的师道尊严的师生关系应该由平等合作的关系取而代之。

以上观念不能仅仅停留在哲学的层面，而要落实到心理辅导的实际操作之中，在语言和行动等方面充分体现"平等"，体现班主任的亲和力。

我与学生在一起

首先是从坐的距离、位置方面体现亲和力。以往班主任和学生谈话，往往都是老师坐着，学生站着——站在班主任的正对面，像是接受审讯一样。这样，学生必然感觉班主任的居高临下，内心的阻抗不可避免，进而影响谈话的顺利进行，最终影响问题的解决。班主任对学生进行心理辅导，班主任坐着，被辅导的学生也要坐着，这是在物理形式上的平等；而且不能坐在班主任老师的对面"受审"，坐的位置要和班主任老师坐的位置成90°直角，并保持正常的距离——1米左右。这样，既可以避免班主任老师直视学生的眼睛，给学生造成压抑感，但一抬头又可以扫视学生的眼神或表情，体现亲和力。

其次是充分发挥口头言语的亲和功能。当学生进来的时候，班主任要放下手中的活计，最好是起立，同时用平和、诚恳的态度对学生说"请进！""请坐！"还可以根据学生的实际情况，说些关心或者鼓励的话，如"欢迎你""你来得准时"，等等。在刚开始辅导时，班主任尽量做到多听少说。通过多听，了解学生的实际情况和问题的性质，以及事件的因果联系，切忌不礼貌地打断学生的倾诉。否则，学生就会觉得有话无处说，完全处于被动服从的地位，其心理辅导效果也就可想而知。在学生倾诉的过程中，班主任还可以根据实际，直接重复学生的话或仅以某些词语，如"嗯""请讲下去""还有吗"，等等，以此强化学生叙述的内容并鼓励进一步讲下去。在对学生进行指导时，更要注意指导语言的亲和力，从而增强可接受性，提高辅导效果。

最后是充分发挥非言语行为的亲和功能。非言语行为包括目光注视、面部表情、身体状态等。我们知道，言语表达是班主任和学生双方交流信息、沟通感情、建立关系的基本条件之一，也是班主任帮助学生的主要"工具"之一。但是，班主任在对学生进行辅导时，非言语行为会大量出现。当非言语行为伴随言语内容一起出现时，对言语内容做补充、修正；当非言语行为独立出现时，代表独立的意义。班主任不仅可以借助学生的非言语行为更全面地了解他们的心理活动，而且可以更好地表达自己对学生的理解和支持，以增加心理辅导的效果。在某种意义上讲，非言语行为比言语行为更重要。在辅导过程中，班主任要通过点头微笑、目光交流、面部神态乃至于身体姿势，充分表达对学生的尊重、理解、信任、共情、支持等心理含义。班主任更要通过非言语行为的各种有效方式，强化自己指导学生的合理性、坚定性和可行性，同时表达自己对学生解决问题或者发展前进的深切期望。

实践证明，班主任如果真正把握住了"平等亲和"这一心理辅导的前提条件，必将产生事半功倍的效果。就拿我班的张立新（化名）同学来讲，他从小问题多多，小学六年被三所学校劝退，家长、老师谁都拿他没办法，是个典型的"问题生"。进初中后的有一天，在与另一个同学发生一点小争执后就从学校出走了。我作为他的班主任，当时十分焦急，电话告知家长，家长是这样讲的："老师，我们这儿子喜欢出走，每次出去都要十天半个月才会回来，即使我们找回来他还是要跑掉。求您给我们想想办法。"这番话让我感觉到家长是多么的无奈，同时也开始寻思这个家庭的家教模式。强烈的责任心驱使我开始了艰辛的寻找。在走遍了学校周边的大街小巷，翻遍近五十家网吧后，终于在第四天找到了他。尽管我当时已是筋疲力尽，但我的第一句话不是批评，而是"孩子，我们回去吧！同学们盼望着你，爸爸妈妈等着你呢！"他虽然马上拒绝："老师，我不想回学校，不想回家"，但说完就号啕大哭起来。显然，我的非批评性态度，对他的理解和接纳，深深地打动了他的心！接着，在平等亲和的基础上，他开始尽情地倾诉……我觉得这孩子的一切是多么"情有可原"：天生倔强、活泼的孩子在打骂教育下变得超常叛逆；之所以常常说假话是为了避免皮肉之苦；动辄大打出手是内心愤怒的发泄，也是对不良家教的模仿；多次的出逃是逃避现实，更是一种报复！我很清楚，这孩子的身心受到了极大的伤害！在找到问题的根源后，我一方面运用心理学方法与家长沟通交流，以优化家长的亲子教育方法，一方面给这个孩子做有计划的"陪伴式"心理辅导。一个学期后，家长来学校表示感谢，说他们与儿子关系融洽了，儿子在家表现也好多了，还说是老师救了他们一家。这孩子在学校里的变化也非常大：不惹是生非了，如果有同学欺负他，他就向老师汇报而不是像以前一样动手打人，再也没有往外跑过，课堂上再也不与老师顶嘴了。

六、"陪伴式"个别心理辅导札记

陈悦

编者按：本文作者为湖南省澧县澧阳中学陈悦老师，极富爱心，长期对学生开展"陪伴式"个别心理辅导，与笔者保持长期交流，从起初的"无意之举"，到后来"有意识"地"常态化"，开辟个别心理辅导的"生活化"道路，成功践行"要当好学生的心理保健医"，帮助无数孩子走出心理阴霾。此文入选 2020 年《翦伯赞教育奖参评材料集》，文中所有学生均为化名。

利用班主任、语文老师、心理咨询师、母亲等多重角色的优势，有意识地对学生（留守儿童和非留守儿童）开展"陪伴式"的心理辅导，把对学生的心理辅导变得像吃饭穿衣一样生活化、常态化，就像平常呼吸一样那么自然。根据具体情况，我不断调整自己当下的角色，有时是一个心理咨询师，有时是一个老师，有时又变身为一个母亲，有时又成了他们的同学或朋友。

心理辅导没有地点和时间的限制：有时在专门的心理咨询室，有时在教师办公室，有时在走廊上、校道上，甚至来去学校的路上；有时在课间，有时在课堂上，总之在适合的任何时间任何地方。

辅导方式多种多样：有面对面谈心，有电话交流，有传统的文字沟通，有微信或 QQ 畅聊。

洞察学生心灵世界的方法灵活多变：画画，做沙盘；从他的日记、周记、作文，甚至作业的字迹卷面去窥见他的内心世界；观察他的上课状态，课间活动状态，劳动状态，跟老师同学交往时的状态。

灵活地运用各种心理咨询技术：或用精神分析法觉察他或让他自我觉察，或重塑他的认知，或用行为主义方法培养他良好的思维行为习惯，用家庭系统方法让他有一个良性的家庭环境和亲子关系，或用人本主义、叙事倾听寻找例子给予强化，以增强他们生命的能量。

好多学生，在我的心理陪伴下，或戒掉网瘾，或抛下自卑，或走出了社交恐惧，或缓解学习社交等压力，或解除了亲子冲突给他们带来的身心伤害。

讲述"陪伴式"个别心理辅导的动人故事

方方，一个九年级的学生，本是一个阳光帅气的男孩子。突然有一天他告诉我，他很焦虑，压力山大，上课总集中不了注意力，快中考了，不知道咋办。于是根据他的要求，我们赶紧选择了在学校操场上见面，聊天中，这孩子含着眼泪告诉我，他父亲在2019年12月28日，没有任何征兆地离开了他们，妈妈承受不住打击，被他舅舅接到了深圳，住在乡下的爷爷奶奶一直还沉浸在悲痛中无法自拔，他一个人孤零零租住在学校外面。小小年纪独自承受失去父亲的巨大悲痛和中考即至的压力，以及他父亲要他考上二中的临终遗言。从此，我开始陪伴他，听他倾诉，陪他流泪，同他散步，像朋友一样理解他，像母亲一样陪伴他，随时分担他的痛苦，分享他的快乐，同时我也跟他的班主任沟通，希望他像父亲一样多多关注他，填补他突然失去的父爱，并请求班主任把他的情况跟所有科任老师交流沟通，时时看见他的痛苦，分享他的哪怕一丁点儿成功。终于，孩子熬过来了，他顺利地通过了中考，虽然与他爸爸希望的学校失之交臂，但他也能坦然面对，他发信息跟我说，虽然只上了职中，但他绝不放弃考大学的决心。在他的邀请下，我亲手把他送到了职中老师的手里，我看见灿烂的笑容又重新绽放在了他帅气的脸上。

悦悦，我的学生，一个非常不容易的女孩子，从小父母离异，虽被判给了母亲，可母亲已重新组建家庭，她只好独自住在外公外婆家。父亲因心情不好，总在电话里跟她发脾气。小小年纪便遭受了不该有的伤害。我让她随时和我保持联系并告诉她，只要一有啥情绪，啥事情，都可随时微信我，或当面告诉我……我很欣慰，因为她与父亲、与爷爷奶奶又恢复了往日的融洽，因为她慢慢地能淡定面对母亲带给她的压力，因为她说她终于知道自己原来没有那么冷血，因为她慢慢相信原来世界没有那么可怕，美丽的笑容又荡漾在了她的脸上……

还有杏杏，一个精神分裂症父亲的女儿，永远不知道自己的妈妈长啥样，从小在励志家园里长大。她可能遗传了父亲的基因，情绪常常极度不稳定，虽然看起来阳光开朗，但她画的画里，没有自己，没有家人，只有别人的楼房别人的家。她喜欢迟到，有时请病假不来读书，天天把手机带到学校，我问她为什么明知故犯，屡禁屡犯，她流着眼泪说她不带手机就不舒服。于是我表达了对她的理解，跟她商量怎样解决这个难题。从此她只要忍不住不小心把手机带到了学校，就会不好意思地请我帮她收好，她的心门也慢慢向我敞开。

还有华华，他多疑敌对，喜欢控制别人，跟同学关系紧张。有一个同学因为受不了常常被他控制只好转学了。他虚荣、好表现、喜欢撒谎，曾经撒谎腿疼，成功地害他爸妈整整背了他一个多月。甚至有几次，他居然用我的微信头像骗取他父亲的钱。我没有责怪他，还当着他的面电话告知他父亲不要因为这件事打骂他，我选择相信这孩子不良行为的背后一定藏着某种更深层的原因。由于我的理解和包容，他痛哭流涕地向我说出了他小学在外地读书的故事，他说他小学时经常有同学在小巷子里辱骂他，甚至对他拳打脚踢，他父亲对他又太过严厉，而且他察觉到他爸妈关系紧张，貌合神离。于是我便时时关注他，给他多提供一些在班上做事的机会，只要他有一点点好的表现，我就会适时在同学面前表扬他，现在他越来越礼貌，越来越真诚踏实，和同学的关系越来越融洽，同学也慢慢接纳他了。

还有卉卉，谁跟她说话，她都只说三个字"不知道"。她妈妈以为她出了什么问题，急得从深圳赶回来求助我。于是，我跟她聊天，听她讲自己的故事，调动所有感觉器官，随时随地观察她的一言一行、一举一动。我发现，原来这孩子做事喜欢追求完美，胆子又小，过于紧张才导致了她这个样子。于是我告诉她，以后如果完成不了家庭作业，就直接跟科代表说班主任已经检查了，如果当天的学习任务背不完，就说在班主任手里背了，晚上就寝万一迟到了就真诚地告诉寝室长迟到原因，并说会跟班主任老师解释清楚，甚至鼓励她借犯错误的机会历练历练自己的心理承受能力。慢慢地，这孩子能轻松大方地表达自己了，而且说话时能够做到面带笑容，从容淡定，说起话来条理清晰，表达准确。

还有萱萱，生下来就没见过妈妈长啥样，在励志家园长大，习惯不好，学习成绩不好，经常把手机和口红带来学校，还找男朋友，却把怎么也画不完整的妈妈画得跟个天仙一样，而且在妈妈的身后还画了一棵盛开的樱花树，樱花的花瓣正纷纷落在妈妈头上，生怕别人不要她；还有一进校门就头痛的顺顺；动不动就在教室大哭大闹，甚至拿玻璃划自己的杨杨……他们都在我的接纳和陪伴里，慢慢地走出了偏执，走出了焦虑，走出了恐惧，走出了阴影，渐渐地开始适应社会规则，懂得爱自己也爱别人，慢慢在成长……

开展陪伴性个别心理辅导，需要智慧，但更需要的是，帮助孩子的一颗爱心；需要时间、花费精力，有时候也感到很累，很无奈，但看到孩子们脸上的笑容，想到与孩子们的共同成长，我心欢喜！

第三节　"针对式"亲子心理辅导

在心理咨询实践过程中，我们发现青少年的问题，无论是发展心理问题还是健康心理问题，尤其是自残、自杀现象，往往与"家源性"伤害有关。我们在执行中华儿慈会留守儿童心理援助亲子"条目"时，以"问题解决"为导向，将培养孩子的抗挫折能力作为"靶目标"；以案例为说词，将亲子心理辅导生活化，为留守儿童和非留守儿童家长（监护人）开展"针对式"的亲子心理健康教育巡讲活动；加强"把握三个'维度'"的方法论指导，引导家长（监护人）智慧地"陪伴孩子长大"；留守儿童与回家父母"手拉手"亲情心理辅导的超大型"照片"，尤其是"家长关爱留守孩子"的细枝末节、情景交融，是对家长（监护人）进行亲子心理辅导的极好"素材"。

一、把握三个"维度"，搞好亲子心理讲座

高金平　杨铮传

编者按： 加强专业引领，搞好家长亲子心理健康教育讲座，是对家长（监护人）"针对式"亲子心理辅导的重要策略，我们采取"集中培训—自主备课—集体研讨（试讲）—分散巡讲"的方式加以落实。这篇文章是培训家庭教育讲师团录音的逐字稿。

要搞好留守儿童家长（监护人）亲子心理健康教育讲座，需要把握三个"维度"：贯穿先进的亲子教育大文化观念，把握"问题性"的精讲互动方法，运用感染力强的语言表达艺术。今天接受培训的志愿者都是种子选手，希望引导大家深入思考、内化这三个"维度"，以便更好地开展亲子教育巡讲工作。

1. 贯穿先进的亲子教育大文化观念

整个讲座要贯穿先进的亲子教育大文化观念，要求我们的视野要宽

阔，要思考孩子当前的成长（社会化）受哪些文化因素的影响。家庭亲子教育的内容非常广泛，有很多地方的亲子教育培训是非常不错的，但如果站在思想者的高度，站在现代文化发展多维的角度，站在教育各方面因素协同作用的角度，还需要优化、更新观念。如果我们具备了与时俱进的大文化观念，再来看待孩子、看待家长亲子教育的方方面面，感觉就不一样了，可能会更有利于我们把讲座搞好。

第一，培养孩子的抗挫力。培养孩子的抗挫力是这次巡讲内容的核心，将学习成绩的提高和抗挫折能力的提高作为我们的思考点，决定了我们的巡讲主题，可以是《培养学生的抗挫折能力和学习能力》，或者是《培养孩子的抗挫折能力——提高学习成绩》。

首先，要领会挫折教育和赏识教育的价值取向。目前，社会正在倡导挫折教育，但是还没有真正推进，或者推进的力度比较小。我们既要领会并强调挫折教育的价值取向，也要领会重视赏识教育的价值取向，不可偏颇。

其次，赏识教育很重要，我们都知道阳性强化法，不断赏识，其好的行为就会加强。但如果没有接受挫折教育，孩子在成长的过程中，一遇到挫折就"倒"下去了，你说他能成功吗？正确领会赏识教育和挫折教育的价值取向，以及两者的关系是很重要的。

再次，要解读孩子具有抗挫折能力的各种要素。抗挫力有九大基本要素：身体健康、情绪管理、人际交往、自尊自信、乐观现实、解决问题、制定目标、控制冲动、主动探索。

最后，要用实例解读抗挫力对提高孩子的学习成绩所起的重要作用。如果单纯地强调提高学习成绩的方法，从工具性角度，具体的方法是有用的，但是从系统的角度，协同学的角度来看，工具性方法的效果是有限的，孩子具有抗挫能力，有助于学习成绩的提高，要把这个辩证关系解析清楚。

请记住，只有将抗挫力的九大要素真正消化、吸收，内化成我们的认知需求，才能打动人（共情）。

第二，全面认识学生的学习成绩。这一点非常重要。从主流文化的角度，当前大部分家长，只把学生的"学科知识技能"成绩作为评价优劣的一个重要标准，甚至是唯一的标准，其他方面的学习成绩就忽视了。学习是一个广义的概念，涵盖学科知识技能、生活习惯方式、品德行为规范、兴趣爱好发展，等等。因此，我们要强调学生学习成绩的多维性，全面认识孩子的学习成绩。

要引导家长全面看待自己的孩子，文化成绩差一点，他的特长方面不错，也许他将来在特长方面发展得非常好，成为人才。大家要准备好这方面的素材、案例，让家长一听就明白：并不是文化成绩差一点以后就一定没有出路。

要引发家长去思考，并不是家长需要孩子有一个好成绩，给孩子提供好的条件，他就能够取得好的成绩。给他创造良好的学习环境、物质条件等，只是一个方面，还有很多因素影响着他，爹妈给孩子的遗传基因不能忽视，家庭的影响不可小觑，比如说家长能以身作则吗？家长自己爱学习吗？比如说要孩子行为习惯好，家长自己的行为习惯好吗？父母是孩子的第一任老师，还有一些社会因素不可控。

第三，要讲清多元智能与因材施教之间的内在关联。上次培训，大家深刻领悟到了一个人各方面发展的状况是不一样的，我们在实践当中也认识到：很多人在这个方面发展得好，那个方面差。我们认为他没有出息的，后来偏偏有出息。郑渊洁在小学受到班主任老师的斥责：我们班上最没有发展前途、最没有希望的就是郑渊洁，结果他是班上最有出息的。

试讲的过程中，我们看到多数讲师都将多元智能与因材施教联系在一起，与全面认识孩子的成绩联系在一起，强调因人而异、因材施教，增强了讲座内容的立体感。

第四，要贯彻积极心理学的思想。人的积极心理品质，如希望、自信、乐观、韧性、主观幸福感、情商等，是助人成功的心理资本。讲座中贯穿积极心理学思想，一是要积极关注家长亲子教育做得好的方式方法，给予肯定、赞美；二是切忌对当前家长亲子教育方面的缺陷进行贬损性评价，他们是来听讲座、来学习的，不是来挨训的；三是在家长提问互动的时候，你要先肯定他哪方面做得好，然后给出体现积极心理学思想的建议；四是融会贯通前面几个"大文化观念"的精髓，能增强讲座的人文厚度、文化张力。

2. 把握"问题性"的精讲互动方法

青少年学生的学习具有"预备性"，为将来进入社会做准备，而成人的学习具有"实用性"，为解决实际问题而学。家长来听讲座，不是学习新知识，学习的最佳方法"莫过于问题解决"。"问题性"的精讲互动方法，是指我们的讲座，不是去传授知识，而是要解决家长在亲子教育过程中遇到的迷茫和问题，为解决问题而讲，为解决问题而教，在解决问题过程（架构）中，探讨怎样精讲，探讨怎样与家长互动。

首先，要想"解决问题"，需要了解家长亲子教育的实际。我们开展学生和家长心理需求的调查，文本已经发给大家，讲座之前要看看。还可以自行设计问卷做针对性的调查，粗线条地了解到孩子们在想什么，对家长的需求是什么，所属校区家长的亲子教育状况是怎样的，有哪些好的方面，哪些薄弱的方面，这些都是贴近"民心"的底层逻辑，心中要有底。功夫在诗外，没有这个思考，讲座的效果可能受到影响。

其次，"问题解决"的讲座，要有针对性。要考虑听讲座的是哪个年级段学生的家长。孩子的年级不一样，对家长教育方式的要求是有区别的，比如说初中阶段，人生的第二个逆反期，家长需要对"小大人"让渡权力，等等。

最后，在讲座过程中也要充分体现"问题向导"。一是讲座开场可以设问："家长有什么教育孩子感到烦心的问题？请先提出来，我们在讲座中尽量间接地给予回答"；二是预留时间集中回答，特别是家长现场提出的问题。

关于适当精讲，一是有主有次，切忌面面俱到；二是有点有面，讲透重点，带过一般。

有主有次、有点有面，大家去领悟，总的建议是精讲的时间要少，不能超过主办方预定时间的一半；要预留充分的时间让家长提问，现场回答，互动交流。

现场互动是"问题解决"的主体，是讲座中的精华，当然有难度，既需要我们平时的积累，也需要我们根据调查了解到的"问题"做准备。

假如有家长提的问题比较偏颇，不要说"你错了"，要实事求是，要辩证地解答。假如有问题回答不了，不要脸红，不要心慌，不卑不亢直面回答，"这个问题你提得非常好，这是一个非常有价值的问题，我们共同思考，下次来探讨"。没有任何人能把学问完全做到家，允许自己有盲点，开诚布公，反而有助于提高我们的威信。

3. 运用感染力强的语言表达艺术

提高讲座语言的表达艺术，增强感染力，能增强讲座的效果。下面分享我们的思考与心得。

从语言表达层面来看，一是用心说话。用心说话是装不出来的，你要消化所有的讲座内容，真正要把这些内容变成你的思想，然后说出来，家长会感受到：这位老师是用"心"在和我们交流；二是说普通话，尽量口语化、没有口头禅。普通话是大众语言，口语化好懂，没有口头禅——语言表达精练；三是富有语感。注重轻重缓急、抑扬顿挫，打鼓说书的民间艺人，他们总是绘声绘色，值得学习；四是口头语言和肢体语言相结合。肢体语言在某种意义上，比口头语言的作用更大，但要情动于中而形于外。

从操作过程的层面来看，一是写好详案，我们教了这么多年的书，还写详案吗？写详案和不写详案的效果不一样，写详案便于内化，再者，我们是"问题解决"的讲座，高难度的课，也要有高要求；二是"开讲"就要抓住家长的心，让家长知道今天讲什么，由谁来讲？能不能讲，开场白很重要，假如主持人介绍到位了，我们直接进入正题，假如没有介绍到位，自己适当点缀一下也很有必要，大家灵活掌握啊。

各位下去巡讲，我们会尽量陪伴大家，为大家助力，提高讲座的效果，当然，在任何地方我们都不要给留守儿童贴标签。

二、怎样用智慧陪伴孩子长大

编者按： 湖南省澧县澧州幼儿园有相当比例的孩子是留守儿童，笔者应邀为孩子的家长（监护人）举办《怎样用智慧陪伴孩子长大》的电视讲座，用案例说话，阐明了"用尽量多的时间陪伴孩子""用孩子的'眼光'看待孩子""同步用心引导孩子"的重要性，现场答疑、互动热烈。

陪伴孩子长大是我们的心愿，怎样陪伴孩子，需要智慧。以下会分享三个方面的内容：用尽量多的时间陪伴孩子；用孩子的"眼光"看待孩子；同步用心引导孩子。

1. 用尽量多的时间陪伴孩子

父母最好和幼儿在一起生活。幼儿时期的安全需求是十分强烈的。在孩子的幼儿期间，我们要尽量和孩子一起生活，满足孩子安全感的需要。孩子出生以后最依恋的就是父母，父母在身边的时候，他们就有安全感。"小孩儿离了娘，无事哭一场。"这句俗语说明小孩对母亲的依恋程度，也说明孩子们的安全需要是很重要的，如果孩子安全感的需要没有得到满足，就有可能产生恐惧、烦躁等情绪。

笔者为澧县澧州幼儿园家长举办电视讲座

有一个心理学实验，将一群刚刚孵化出来的小鸡和母鸡完全分开，四小时以后，把小鸡和母鸡合在一起，小鸡不对母鸡产生亲切感，不追逐母鸡，这是在刚孵化出来的"关键期"没有和母鸡发生联系产生的状况，称为印刻现象。

我接触到的个案，一个孩子到了高中毕业都不喊一声自己的亲妈，妈妈非常痛苦，后来才知道，这孩子出生 8 个月时爸爸妈妈出去打工，极少回家，孩子说"知道要喊妈妈，但喊不出口"。

从孩子出生那刻起，直到 3 岁前，当妈的都不要离开，否则会错过一些非常重要的东西，孩子失去这些，一辈子都很难补回来；整个幼儿期都是最依恋父母的时候，父母没有和孩子在一起生活、亲近，可能长大以后他对父母的亲近程度也会受到影响。

尽量多接触、多陪伴孩子。和孩子在一起生活，也不能以工作忙为由"自顾自"，要安排接触的机会，周六、周日或者寒暑假，尽量陪伴孩子多活动，多交流。即使父母到外地打工去了，监护人也要转告他们，尽量通过电话、微信视频和孩子多联系、多沟通，尽量使孩子和父母之间的感情融洽一些，这样有利于他们健康成长。

2. 用孩子的"眼光"看待孩子

孩子的"眼光"，是指孩子的身心特点。孩子是父母的掌上明珠，可以理解父母对孩子全身心的爱，但我们爱的前提是要读懂孩子的心，避免产生教育引导方面的失误。比如说对孩子的目标期望，应该和孩子身心发展的特点相适应，否则我们的愿望是好的，效果是差的，甚至可能用"爱"来害人。孩子的身心特点涉及方方面面，各位家长可以通过多种途径、多种方式去学习、去了解。这里仅仅列举幼儿（3~6 岁）的思维特点：具体形象思维。幼儿的具体形象思维是以事物具体的形象或图像为思维内容的思维形态，形象改变，事物的结构改变，得出的结论也随之改变。

先演示一个长度守恒实验：我手上这两根一样长的筷子，拿着询问幼儿，"你看这两支筷子是一样长还是不一样长？"他如果说"不一样长"，那我们把它比成一样长，或者假装削短一点，再问他"是一样长还是不一样长"，直到孩子确认是一样长。然后当着幼儿的面，把两根筷子平行分开、错开一下，然后问他："请你看看这两根筷子是一样长还是不一样长的？"他说"不一样长"。"哪一根长些呢？"他说这根长些，或者说那根长些；接着当着孩子的面将两根筷子比齐，他会确认"是一样长"，然后平行分开、错开，他又会说"不一样长"。这是为什么？幼儿看不到变化图像背后这两根筷子本来是一样长的，他的回答完全以变化了的形象、图像为依据，这就是幼儿的具体形象思维。

家长或者监护人的一切亲子教育过程，包括教育内容、方式、方法，都应该考虑幼儿具体形象思维的特点。比如说幼儿整个学习过程是什么？就是玩游戏，在游戏活动当中体会、体验到一些知识、社会性的技能（规则），学习怎么样和别人去交流、交往。

幼儿的具体形象思维特点决定了他们的学习就是玩游戏，所以幼儿教育不能小学化。有的家长希望幼儿园多教文化知识，让孩子多识字，为孩子以后读一年级打好基础，做好准备；有的家长希望幼儿园能够因材施教，补充孩子的文化短板，多布置一些作业，等等。这些主观想法都是非常好的，反映了我们对孩子的期望，希望孩子将来能够成才，能够成为家庭的顶梁柱，但忽略了孩子身心发展的本质特点，我们应该知道欲速不达，特别是拔苗助长的巨大危害。

还有的家长提出，能不能在幼儿园开英语课，这个想法也是很好的，但开英语课，需要具备合格师资等条件，如果不具备这些条件，那开英语课反而有害。澧州幼儿园是很实际的，它是一所省级示范性的幼儿园，他们的理念是什么？就是让孩子在游戏活动中快乐成长，基本点是遵循幼儿身心发展的规律，脚踏实地开展一系列的活动，这就是真正要追求的幼儿教育价值取向。

澧州幼儿园根据孩子身心发展的特点来发展幼儿的语言表达能力，

他们有一个省级课题——如何培养幼儿口头语言的表达能力。这符合幼儿发展规律，在学前阶段（幼儿园阶段），是一个人语言发展的最佳时期。澧州幼儿园就抓住了这个时期，这是一种很好的教育策略和教育方式，有助于孩子在游戏中快速成长。

每一个游戏当中都可能隐藏着打开幼儿心灵的一把钥匙。澧州幼儿园通过这些实际的活动，给孩子们快乐的钥匙，这就是用孩子的"眼光"看待孩子。

3. 同步用心引导孩子

和孩子生活在一起，如果不对他同步用心地引导，我们好的愿望难以转换成孩子好的行动。同步引导需要用心，需要智慧。以下是我的建议：

第一，让孩子在父母那里学到好与坏、该做和不该做的原则。孩子出生以后，他要逐渐长大，要掌握社会道德规范，那些"好与坏""该做或不该做"的原则靠谁去传递？首先是父母给他影响，给他榜样，父母不能忽略这一点。前不久某晚报记者采访我，他说一个超市里面有一个五岁的孩子偷东西，当时没有发现，后来在视频里面看到了，他请教我怎么看待这个问题，该怎么办？一个五岁的孩子把超市里的东西拿回家，家长不能认为是偶尔一次不要紧，应该同步来引导、纠正："你是喜欢这个东西所以就拿回家了么，孩子，这不行，这是超市的东西，我们要还给他。来，妈妈（爸爸）与你一同去把东西还给超市，硬是蛮喜欢，妈妈可以给你买回来的。"这样引导纠正，孩子就会觉得这是不该做的，这是不好的，是坏的做法，那么一次就纠正过来了。孩子是高度相信家长的，如果家长没有否认他这个行为，他就觉得好，就可能出现第二次或第三次把超市的东西拿回家或者偷回家的行为，如果父母长期听之任之、视而不见，孩子就会形成不良品行。父母应随时留心观察自己的孩子，同步发现问题、同步引导，让孩子懂得好与坏、该做或不该做的原则，这是很重要的一件事情。

第二，为孩子创造与众多伙伴相互接触的机会。孩子在学校里进行以游戏为主的学习活动；回到家里，周六、周日、寒假、暑假，我们也要尽量地给孩子提供这方面的机会。澧州幼儿园在办园过程中，遵循幼儿身心发展的规律。在游戏方面及办活动方面有很丰富的经验。他们每年都举办艺术节，三年搞一次大型的艺术节，平常还给孩子、给幼儿布置"作业"：这个周日，你和妈妈到公园里去春游，或者你和伙伴在一起玩耍。这个"作业"把学校里的快乐延伸到孩子的家庭生活当中，作为父母应该积极配合，同步引导孩子，让孩子找到自己的伙伴。

第三，用延迟满足来激发幼儿成长的内部动力。延迟满足，是说你有什么愿望，我不马上满足你，要延长一点时间来满足你。这样就有可能激发孩子的内部动力，他为了达到一个目的、得到更好的效果，就要忍受、忍耐，这样能培养幼儿忍耐、韧性等积极的心理品质。

有一个实验：把一些4岁的孩子集中在一起，给每个人一颗糖，告诉他们，如果在20分钟之内你没有吃这颗糖，那么20分钟以后我给你两颗糖。后来发现，有的孩子忍不住，一下子就吃了，有的孩子想很多办法来控制自己，比如说他装成睡觉的样子，或者和别人谈话，忘记这颗糖对他的诱惑，20分钟以后他再吃。在十几年以后，跟踪以上这些孩子，他们长大后成绩相对好的，就是那些没有立马吃了这颗糖的孩子，他能够忍受，20分钟后才吃那个糖，他们得到了两颗糖。调查结果发现：凡是当时没有吃掉这颗糖的孩子他坚持的时间越久，他成功的可能性就越大。后来得到一个结论，就是延迟满足的能力越强，也就是忍耐性越强，这样的孩子长大以后更能够成功。

对于这一点，我们要学会分析孩子的合理需要并给予不同的延迟满足方式，要给他说明延迟满足的理由。比如他说："妈妈，我现在想到外面去玩。"妈妈可以说："等妈妈把饭做完了以后，再带你去好吗？"让他忍耐一下，还可以说："妈妈现在有事情要做，必须把这事情做完，等妈妈把事做完了以后，我再带你去好吗？"孩子就去忍耐、等待。假如他又哭又闹又任性怎么办？那你态度要坚决，不能够满足他的需要，让他哭、让他闹，他慢慢就会想到我要听妈妈的话，过会儿妈妈会陪我去。如果孩子按照妈妈的意思忍耐，应该对他进行表扬：孩子不错！比如孩子要买一个比较贵的玩具，妈妈可以说："孩子，你的想法非常好，这个玩具我给你买，但你要协助妈妈做一个星期（或一个月）的家务，洗碗、拖地板。"孩子按约定做完家务，你给他买了玩具，然后你要拥抱他、表扬他，"你是一个热爱劳动的好孩子"，甚至给他棒棒糖吃，这样孩子会非常高兴，用延迟满足的方式可以使孩子更好地成长。

智慧陪伴孩子的方式很多，家长可以根据孩子的实际情况灵活设计。

留守儿童与回家父母手拉手

"请各位家长和同学手拉着手，站成一圈，闭上眼睛，抛开杂念。"1月26日早上9点，空气中还弥漫着雾气。在湖南省常德市澧县双龙乡中心小学的教学楼下，记者看到教育心理学特级教师杨铮传正举起话筒，对闭着眼睛的家长和学生做着引导。

"各位家长，请握紧孩子的手。想象一下，听话乖巧的孩子就在自己身边，他们是好样的，每天都能够健康快乐地成长。他们是多么懂事的孩子。"

"各位同学，请接受爸爸妈妈对我们的爱意，用我们的手紧紧拉着他们的手。想象一下，平日里，爸爸妈妈或者爷爷奶奶带给我们无限的关爱。在我们失意时，是他们给我们鼓励，让我们收获了幸福。"

这是澧县送给留守儿童的新年礼物——一场留守儿童与回家父母"手拉手"亲情心理辅导活动。

杨铮传主持留守儿童与回家父母"手拉手"亲情心理辅导活动现场

1月15日，距离双龙乡中心小学放假还有3天，学校心理咨询师胡生平老师把此次活动的通知下发给了学校四、五、六年级的留守儿童。

1月23日，五年级学生李锐的父母回到家中过年，过完年后又要去广东打工。为此，胡锐与父母闹起了别扭。看到学校的通知，爸爸决定带着孩子参加活动。

活动现场，听到爸爸的道歉，李锐懂事地拉住爸爸的手，说道："爸爸，你们外出是为了我和奶奶，我理解你和妈妈，我不该向你们发脾气，不该任性……"像李锐这样的留守儿童还有60多个，他们和各自的父母共120多人，以年级为单位，围成3个大圈，接受着这场团体心理辅导。

"妈妈，我好想你！"双龙乡中心小学六年级的阳丽拉着妈妈的手倾诉着思念，抱住妈妈久久不愿松开。妈妈李成荣说："作为一直在广东打工的父母，我们之前只注重孩子的物质需求，孩子上到六年级都没有接送过一次，只有每年过年时才匆匆见上一面，很少花时间真正关心孩子，更不用说了解他们了。"说着，妈妈的眼里饱含着泪水。

胡生平介绍，学校2013年对三至六年级留守儿童进行了问卷调查。结果显示，希望父母早日回家陪伴自己的学生约占总数的47%。一边是父母迫于家庭生活的压力不得不外出打工，另一边是孩子的健康成长需要父母的陪伴和教育。"我们想借助春节团聚、父母孩子生日等特殊时间节点，帮助留守儿童消除心理障碍，健康快乐成长；帮助家长树立亲子教育理念，掌握科学的亲子教育方法。"澧县青少年活动中心主任杨军模告诉记者，"拉近学生与家长的感情，优化亲子关系"正是此次活动的目的。

（记者　徐畅　唐湘岳　通讯员　王文平《光明日报》2014年01月29日04版）

三、父母关爱留守孩子

吴和鸣

编者按：本篇内容由中国地质大学（武汉）应用心理学研究所硕士生导师吴和鸣先生撰稿。原来的题目是《关爱留守孩子》，于2013年开始在网络上传播，并附言"欢迎复制，您可以印刷成册送给您打工的朋友……"作者的大爱之心令人感动，我们遂将此文本作为留守儿童亲子心理辅导之用，产生了良好的效果。经作者授权，将其更名为《父母关爱留守孩子》并收入本书，期望更多的孩子和家庭受益。

1. 与孩子见面的第一件事——拥抱

放下行李的第一件事，就是拥抱孩子，不管他/她多大了。

孩子日夜思念的你回来了，孩子内心非常开心，但可能因为分离太久了，你真正站在孩子面前，孩子用陌生的眼光打量你，孩子一时还反应不过来，你需要主动走向孩子，拥抱孩子，抱得更紧一点，更久一点。

你的拥抱会迅速缩短与孩子之间的距离，找回从前的感觉，好像你们从未分开。

2. 与孩子见面的第一句话——说出孩子的变化

仔细端详孩子，从头到脚，看着孩子时你目光中的喜悦，是送给孩子最宝贵的礼物。

然后对孩子说：你长高了，你长大了，你变漂亮了……

直接对孩子说出你觉察到的变化，让孩子知道，尽管你没有与孩子生活在一起，但孩子一直在你的思念中。在你心里，一直记着离别时的孩子。

3. 当谈到孩子的学习时——平和沟通、关心过程而不是结果

每个孩子都忐忑不安地等着父母看成绩单的那一刻，所谓"见包公"，哪怕再满不在乎的孩子，都会灰溜溜的。我们由此应该明白，孩

子知道自己对于学习是负有责任的，对于自己不够理想的成绩孩子们心里已是满怀内疚与羞愧，因此，在与孩子谈论学习时，一定注意方式方法，要保护孩子的自尊心，提高而不是打击孩子学习的积极性。

父母最最关心的是孩子的学习，外出打工，当然不能以牺牲孩子的学习为代价。在了解到孩子的学习成绩不尽如人意，父母难免会有情绪，一时冲动，就训斥，乃至打骂孩子。

父母不在身边会影响孩子学习吗？有些科研人员经过研究得出结论，留守孩子并不等于差生，就是说留守孩子与非留守孩子的学习成绩不相上下。中央教科所的调查就发现，农村留守儿童与非留守儿童在学习兴趣和对自身学习成绩的认识上没有显著差异，请你务必记住这一点。不要因为是留守孩子，就特别担心孩子的学习。

建议你调整心态、调整情绪，以平和的状态与孩子谈学习。

一种比较好的方式是关心过程而不是结果。把孩子的成绩放一边，问他是如何克服学习中的困难的，让他举个例子，比如，碰到不会做的题目，父母又不在家，他是怎么想办法解决的。通过孩子讲的学习故事，你能从故事中看到孩子的努力、智慧和能力。如果孩子找到办法并解决了碰到的困难，一定要问孩子是怎样想到这个好点子的，孩子肯定两眼放光地给你讲一个让他自信满满的故事。

4. 当有人向你告状——不要急于当着"外人"面呵斥孩子

老人们会历数孩子在家诸多不听话、不乖的情况，带着孩子逛街、串门时，亲朋好友也会逮着机会向你讲一些孩子干的调皮捣蛋的事，这都是向你"告状"。你可能觉得，好不容易回家了，就应该好好管教一下孩子，好好收拾收拾他。

你错了！首先，这些告状的，并不都是在说孩子不好，而是想表达别的意思——老人在说自己很辛苦；亲朋好友是想表明你不在家时，他们对孩子的关注和照顾。你只需对他们表达你的感激就可以了。

另外，要清楚父母不在身边，孩子失去了重要的保护、支持力量，一般会比较胆怯、退缩，所以，在碰到告状时，你可能要先"护短"，护着孩子，而不是急于当着"外人"面呵斥孩子，表明自己的立场，你应该让孩子有底气，知道父母是始终站在他这一边的。当然，可以在私下询问孩子具体情况，问明事情的来龙去脉，给孩子一些建议、指导。

5. 当发现孩子有些可能的问题行为时——先理解孩子

根据已有的调查，大多数农村留守儿童与父母没有外出的儿童没有显著的区别，他们不是"问题儿童"。

首先，许多孩子的问题并不是真正的问题，有可能是孩子特定发展阶段出现的现象，比如俗话"七八九，嫌死狗"，就说得很明白，过了那阵子，所谓的问题就消失了，因此不必太在意。

其次，影响孩子行为的不一定是留守本身，可能存在其他问题，如父母离婚、父母感情不好、重男轻女、婆媳矛盾，或者是学校环境不好等，孩子的问题可能是所有这些因素综合作用的结果。要全面了解情况，分析原因，找到症结。

还有很重要的一点，就是要改变孩子的行为，最最重要的是理解孩子。单纯讲道理没有什么效果，有时孩子比我们懂得更多，讲道理我们不一定讲得过孩子，表面上他在听，在点头，在答应，心里不一定服气，孩子更喜欢理解他的父母，而不是说教的父母。打骂教训孩子更不行，可能适得其反，不仅改变不了孩子，反而会增加孩子的抵触情绪，形成恶性循环。

6. 我们对于留守孩子的心理有以下几点理解与建议

（1）对亲密关系的恐惧

因为与父母分离，孩子内心对亲密关系会有些恐惧。对于他们而言，别离是切肤之痛，是真切、难以忘怀的体验，所以他们与他人亲近时，会对分离非常敏感，有可能因为恐惧分离，干脆就不与他人建立亲密的关系，他们会显得比较孤单。尽管我们一再鼓励他们多交朋友，但因为恐惧，他们很难迈出这一步。与父母分开时年龄越小，影响越大。

建议：孩子三岁前母亲尽量不要外出打工。如果妈妈在孩子三岁前就出去打工了，你可能要更用心地去理解孩子。

（2）缺乏规则

父母是孩子通向外部世界的桥梁，在与父母的密切互动中，孩子从父母言传身教中潜移默化地学会了许多为人处事的规则。如果父母不在身边，孩子就缺少了学习的机会，孩子有可能因此觉得茫然无措，显得比较退缩。如果孩子有这一倾向，你就要多跟孩子讲一些具体的事例，把每个环节都讲到，越仔细越好，这样孩子就心中有数，遇事胆量自然会大一些。

另一种情况，孩子比较调皮捣蛋，这实际上是孩子鼓起勇气，自己跌跌撞撞地在探索，所以不要轻易责怪他，尽量与他一起分析发生过的事，从中学习。

（3）不善于表达

华中师范大学周宗奎教授等人经过调查发现，50%的留守孩子遇到烦心事会闷在心里，这是比较容易理解的。父母不仅要关心他们的学习和生活，更要关心他们的内心感受和想法，多问他们的心情：最近开心吗？有什么好的事情发生？多听他们讲，不要随便打断他们。我们急于发表自己的看法，就阻碍了他们表达。

这里特别要说一下我们注意到的一种现象，因为分别太久，孩子可能已经不习惯妈妈做的饭菜的口味，应该说，孩子尽了最大努力去适应了你不在身边的生活，包括吃老人们做的饭菜。再说，孩子处在变化比较快的年龄阶段，你一定要留心观察孩子在生活中的一些细节，比如当他吃得不香、不欢，又不直接表达时，你需要去仔细琢磨琢磨原因，耐心地去询问他，尽量去理解他。

7. 在你重新离开孩子之前

相聚是短暂的，转眼之间，你又要打点行装上路了，孩子又再度面临分离。

我们认为你可以充分做好分离的准备，给留守孩子创造最佳的生活、学习条件。

（1）与孩子交流生活、学习中可能存在的问题

在详细了解孩子生活、学习情况的基础上，多问孩子曾经碰到的一些困难，请注意，你不在他身边，任何小事都是大事。

多征求孩子的意见，了解他希望找什么人、通过什么途径、用什么方式解决他遇到的困难。因为如果不是他认可的方法，他就不会主动采用。

与孩子一起设想各种可能碰到的困难，一起想办法。当这些困难真正发生时，因为你已经与他讨论过，他不仅有心理准备，有对策，而且他也不孤单，好像你就在他身边一样。

（2）拜访老师、亲朋好友

先与孩子有了充分的交流，就可以有针对性地拜访老师与亲朋好友，感谢他们对于孩子的关照，确保孩子在遇到困难时能得到他们及时的帮助。

（3）与孩子商定交流方式

我们认为这是重中之重。孩子的成长需要父母爱的滋养，稳定的、持续的、经常性的交流至关重要，所以我们觉得在离开孩子之前，一定与孩子商定好交流方式，比如电话、视频、写信等。

写信是一种比较好的方式，不妨跟孩子一起去买信封、信纸，贴好邮票，写好地址，一起做这些准备工作。

这里还想说一下交流的内容。据统计，父母打电话或写信与孩子沟通，谈的内容最多的是学习，占 71.9%，询问生活情况占 12.3%，谈及为人处事道理的占 7.2%，可以想象父母的良苦用心，一有可能的机会就关心孩子学习，帮助他们树立正确的人生观，怕他们在没有自己监督的情况下学坏。另外，似乎父母也比较擅长和孩子谈这些内容。我们可以想象，孩子可能并不喜欢读这样干巴巴的信。那怎样的信，孩子会

觉得有趣、温暖呢?

讲或写一些发生在身边的趣事,自己的工作或生活中的感悟,可能孩子更喜欢看,感到熟悉、亲切,而且回味无穷,或许他会产生一直与你在一起的感觉。功夫在诗外,如果阅读你的信,他有开心、愉悦的体验,学习起来说不定效果更好。

8. 当你感到内疚

面对留守孩子,父母会有强烈的内疚感,而内疚会造成一系列问题。比如,因为内疚,会尽可能在物质上补偿孩子;因为内疚,会在回家后给予孩子很多关注,毫无原则地满足孩子的要求,造成分离之后一热一冷的极端对比;更隐蔽的是,内疚不堪忍受,就变成指责:我们在外边打工非常辛苦,可你却不懂事、不听话。其实,对孩子的许多愤怒都是内疚在作怪。有时,孩子甚至就利用父母的内疚达到自己的目的。孩子可以有自己的要求和想法,但应该在沟通和交流的基础上表达和实现,而父母不能因为内疚一味妥协。

外出打工是你慎重的决定,你肯定也为孩子做了尽可能妥善的安排,所以你不用内疚。我们只需要努力做到更好。

9. 我们的话

尽管我们用了"留守孩子"这个称呼,但我们反对贴标签。"留守"只是一个阶段性的状态,而不是孩子的"长久属性",只要与父母在一起了,就没有什么"留守孩子"了,我们不要以特殊的目光看待他们,即使是出于善意的动机。

我们特别想说的是,你有可能很认可我们的提议,但你很不习惯去做,做的时候极不自然,或者无法坚持,这并不奇怪。你会发现开始行动后会感觉到比较麻烦,甚至混乱,保持原状说不定更好一些,而我们建议你,既然开始了新的尝试,就不妨坚持下去,这有点像宇宙飞船变轨,变化中有不适应,变轨成功后就靠惯性运转了。

第四节　"三个一"送教到校活动

"三个一"送教到校活动，是指为同一所学校同时送三堂课：一堂学生心理辅导活动课；一堂教师学校心理健康教育科普课；一堂家长（监护人）的亲子心理辅导课。

"三个一"送教到校活动的开展同时惠及学生、教师、家长，具有现实性、科学性、创造性的价值取向：一是对中小学心理健康教育工作起示范、促进作用；二是能减轻基层学校外出培训经费等方面的压力，"坐地"受益；三是能增强教师心理健康教育意识、培养心理健康教育工作骨干；四是能产生学校心理健康教育"1+1>2"的整体协同效应。

一、澧县关爱留守儿童"三个一"送教到校稳步开展

澧县关工委

编者按：留守儿童心理援助的难点是心理辅导教师三个层面的培训，第一个层面是全体教师心理健康教育通识培训，第二个层面是心理健康教育骨干（留守儿童心理辅导员）培训，第三个层面是国家职业心理咨询师培训或心理咨询技能培训。2015年8月6日，由澧县县政府办公室主持，县关工委组织的专题研讨会，对此培训议题予以确认，并制订了行动计划。连续3年，后两个层面的培训予以落实，为"通识培训"打下基础，随即于2019年正式启动"全体教师心理健康教育通识培训"。澧县关工委高度重视，提供经费保障，协调澧县教育局等县直单位通力协作；笔者负责课程的创新性设计，编制"三个一"送教到校活动计划书（逐年更新），担任课务监理、跟踪指导；澧县心理咨询师协会的志愿者倾情投入，精心备课、反复试讲、认真送教；到2021年10月为止，已达成"三个一"送教到校全县各乡镇中学全覆盖。马头铺

中学地处澧县边远山区，率先响应，主动配合澧县首场"三个一"送教到校活动，拉开了此项活动可持续开展的序幕。

2019 年 5 月 6 日，澧县关爱留守儿童送教到校"三个一"活动在澧县码头铺中学正式启动。

"三个一"活动是政府购买服务、关爱留守儿童的重要举措。由澧县关工委、县教育局、县民政局、县卫健局主办，由澧县青少年校外活动中心和澧县（湘北）心理咨询师协会共同承办。

关爱留守儿童"三个一"送教到澧县山区码头铺中学

澧县 2016 年、2017 年、2018 年连续三年举办留守儿童心理辅导员培训班，培养了 335 名 45 岁以下的学校教师成为留守儿童心理辅导员。"三个一"活动，是在前三年脱产培训心理辅导员基础上的操作性深化，具有多维、科学的价值取向：将关爱留守儿童放到常态的教育教学条件下进行，避免了"标签效应"产生的负面影响，使留守儿童和非留守儿童都受益；送教到校，不仅为基础教育学校节约了外出培训教师的资金，而且扩大了培训面；无论学校教育怎样发展，始终离不开家长（监护人）的紧密配合，通过培训，优化家长（监护人）的亲子教育观念以及方式、方法极其重要；向社会普及心理服务，不仅有利于心理咨询师的专业成长，而且有利于社会心理服务体系的建立。

三堂课送教到校，第一节心理辅导活动课，第二节学校心理健康教育科普课，两堂课错开进行，所有当堂没有课的教师都去听。讲授心理健康教育科普课时，教者会紧密联系心理辅导活动课的相关内容进行解读，以便建立学校心理健康教育整体观。这两节给学生和教师上的课，均按常规时间上下课，没有干扰常态的教学秩序，师生都很满意，学校非常欢迎。

"三个一"送教到校活动正在有序进行，2019 年 5 月 16 日送教到澧县如东乡永丰小学。"三个一"送教到校活动将在澧县全面稳步开展，并向周边区、县、市辐射。

二、逸迩阁书院"三个一"送教到校活动启动

2019 年 5 月 24 日下午，逸迩阁书院关爱留守儿童送教到校"三个一"活动，在石门四中易家渡校区正式启动，得到石门县教育局的大力支持。

逸迩阁书院开展"三个一"送教到石门四中易家渡校区活动

国家二级心理咨询师、高级教师、逸迩阁书院特聘心理咨询专家陈悦老师，倾情讲授针对学生的心理辅导活动课。互动小游戏始终贯穿整个课堂，胆小的同学都抛开往日的羞涩，勇敢地融入互动中，整个过程温馨、融洽而美好。

国家二级心理咨询师、中学高级教师、逸迩阁书院特聘心理咨询专家李四萍、梅海辉两位老师，分别讲授了面向教师的学校心理健康教育科普课和面向家长（监护人）的亲子心理辅导课。李四萍老师紧密联系陈悦老师心理辅导活动课的相关内容进行解读，以便建立学校心理健康

教育整体观。梅海辉老师用案例说话，和家长分享"怎样与孩子有效沟通"的方法。家长们提出在亲子教育中遇到的种种难题，笔者都一一进行了针对性的分析和解答。

活动结束后，七年级二班的盛美霞同学激动地说："听了今天的课，我决心做一个自信勇敢、乐观向上的人。谢谢逸迩阁书院给我们带来了不一样的体验。"

南怀瑾先生曾说："19世纪威胁人类的是肺病，20世纪威胁人类的是癌症，21世纪威胁人类的则是精神疾病。"逸迩阁书院设立有未成年人阅读专区和心理咨询室，呼吁全社会尤其是老师、家长共同关心孩子的心理健康问题。为此，逸迩阁书院心理咨询室联合湖南师范大学教育学院心理系、湘北心理咨询师协会以及常德市康复医院，针对青少年因严管或失管引发的反抗性焦虑症、学习逃避症、考试综合征、网络综合征等一系列心理问题开设了心理辅导类课程。逸迩阁书院通过"三个一"送教到校活动，将关爱留守儿童放到常态的教育教学条件下进行，避免了"标签效应"产生的负面影响，使留守儿童和非留守儿童都受益。

逸迩阁书院计划，逐步在石门县及周边全面开展关爱留守儿童"三个一"送教到校活动。

三、"三个一"心理健康教育进校园活动蓬勃开展

陈怡岑 王业

2020年10月10日下午，澧县关工委、教育局与卫健局共同主办的2020年"三个一"心理健康教育进校园活动在澧州翊武学校开展，师生互动，家长齐聚，欢声笑语洋溢校园。

"三个一"送教活动旨将在"三堂课"送教到校。下午第一节课起，由杨丽老师面向学生展示了一堂新意盎然的心理辅导活动课。在《时间都去哪儿了》的歌声中，杨丽老师以"一天"为切入口，通过实践活动

让学生意识到时间的宝贵，并对时间有更明晰的感知，引导学生积极争取和珍惜时间，做管理时间的小能手。杨丽老师教姿大方，亲和力强，娴熟运用了讲授法、提问讨论法、游戏法、故事启发法等创设情境，促进趣味学习，热烈有序的课堂气氛与师生互动的高能场景给听课领导和同事们留下了深刻印象。

第二节课还未开始，家长们就早早来到了学校多功能会议厅，专注聆听我县青少年心理健康教育专家、城关中学原副校长严清舫的专题讲座。讲座就家庭教育与亲子关系这一敏感话题与家长们做了多项互动与趣味研讨，家长们深受启迪，纷纷表示应与时俱进，更新亲子教育理念，优化教育方式方法，全力配合校内教育。

与此同时，教育局教研室叶明双书记面向教师，主持召开了"弘扬抗疫精神　护佑心理健康"座谈会，叶书记结合宏大时代背景，畅谈伟大抗疫精神，并紧密联系杨丽老师心理辅导活动课的相关内容进行解读，有的放矢地为广大教师建立师生心理健康教育的大局观指点迷津、助力加油。

"三个一"送教到校活动深受欢迎

此次心理健康教育进校园活动准备充分，谋划精心，三大板块均按常规教学时间上下课，教学工作不仅未受影响，而且多得裨益。"三个一"送教活动的开展能同时惠及教师、学生及家长，成功产生并放大了家校心理健康教育"1＋1＞2"的整体协同效应，取得了积极喜人的实际效果。

第五章

培养留守儿童心理服务工作者

"湘北心协"是澧县心理咨询师协会和湖南省心理咨询师协会湘北工作委员会（湘工委，下同）的统称，会员分布在湖南省湘北地区4个地（州、市）的15个区（县、市）。"湘北心协"在关爱留守儿童的爱心活动中诞生，会员入会之前签订"湘北心协"约规，自觉"担任志愿者"；"湘北心协"承诺每年免费为留守儿童心理援助志愿者提供不少于3次成长活动，为他们的"概念化"成长提供理性支撑和实践的"快车道"。

"留守儿童心理辅导员培训"和"公益成长活动举隅"，是"一诺千金，十年坚持"的缩影。

"湘北心协"正能量文化精神的方方面面，如"因为我的存在，让生命更加美好""重视理论，崇尚实践""行知合一，反思创新""湘北心理服务工作者誓言"等可资借鉴；阐释"四结合"留守儿童心理辅导员培训有声有色，符合"为解决问题而学"的成人学习特点，可以复制；每年三次的成长活动中，既有阳春白雪，会员可倾听"庙堂"悦耳的声音，也有下里巴人，能让会员感受"江湖"泥土的芳香。

第一节　留守儿童心理辅导员培训有声有色

2015 年 8 月 6 日，澧县县政府召开"如何突破对留守儿童进行心理关爱的难点——开展全县教师队伍心理辅导培训与配备工作"的座谈会，并形成了《关于培训和配备心理咨询教师建议的会议纪要》（以下简称《会议纪要》）。为落实此次《会议纪要》的相关内容，从 2016 年到 2018 年，由澧县关工委牵头，多部门参与，每年全免费举办一期留守儿童心理辅导员培训班。笔者负责课程策划（制订教学计划）、内容精选（贴近中小学实际）、师资聘请（重"草根"经验）、课堂"监理"（随堂听课、组织学习沙龙），确保"理论教学与案例教学相结合""理论学习与实践操作相结合""学习实践与现场答疑相结合""课堂学习与课后服务相结合"。"四结合"教学原则、方法，促使留守儿童心理辅导员培训有声有色，有花有果，符合"为解决问题而学"的成人学习特点，现场解决了诸多疑难问题，诞生了本书下一章会提到的"一个神奇的心理辅导案例故事"。

说起来容易，做起来难。举办留守儿童心理辅导员培训班，需要众多组织机构用各自独特的方式，切入到学校教育层面，这不是一般科层管理中按部就班的工作程序。这没有想象的那么简单，开展这项工作，需要参与的组织机构群体观念的深度磨合，需要可持续开展的经费保障，需要缜密思考切合农村学校心理健康教育文化特点、接地气、经过论证的课程方案。更为重要的是遴选实施课程计划、认同留守儿童心理援助正向理念的爱心师资，并要求对各自分担的教学内容，按照教学计划中的教学原则、教学方法进行自我打磨，经审定合格后才能正式启动这项工程。

经过一年多时间的精心准备，终于在 2016 年 11 月 2 日正式启动，历时三天，澧县首届留守儿童心理辅导员培训班成功举办；有了前期的经验，于 2017 年 12 月 7 日、2018 年 10 月 10 日，又分别开办第二届和第三届留守儿童心理辅导员培训班。连续 3 年，全县每所乡镇中学、中心完小，大型完小遴选 45 岁以下的优秀班主任参加培训，一共培养了 335 名留守儿童心理辅导员骨干教师。

每届培训班结束后，澧县教育官网均第一时间报道，同时澧县人民政府网以及相关媒体连续转发，产生了良好的社会影响，鼓舞着我们的工作热情。

每届培训班结束后，我们都要总结经验，特别是根据学员的学习需要，适当调整课务，第三届特别增加了"加强情绪管理，维护身心健康"的内容，可以说，一届比一届的效果更好。为了办好这三届培训班，我作为课务"总监"，深感任务之艰巨。

2016 年 11 月 4 日下午 5 点，澧县首届留守儿童心理辅导员培训班圆满结束，我深深地呼出了一口气，有如释重负的感觉。作为举办这个班的倡导者，作为课程设计和课程实施的责任人，从教学目标的确定、教学内容的安排、教学师资的挑选和延请，课外自学读本的遴选与订购，以及教学观摩现场的及时调控，都必须通盘考虑，以追求最佳的培训效果。这无论对我们协会还是对我个人，都是压力和挑战！我们不能让主办方县关工委、教育局和民政局失望，不能让参训的一百多位教师失望，更不能愧对千千万万留守儿童和所有青少年对心理辅导的期望。感谢社会各界的大力支持，感谢所有主讲教师的倾情付出，感谢所有学员的积极配合，我们共同做好了一件事。

2018 年 10 月 12 日下午 5 点，第三届留守儿童心理辅导员培训班结束，从第一届到第三届，一晃快接近 3 年，预定的培训计划终于圆满完成了！

当日入夜，远远近近的灯光都亮了。我独自徘徊在小小的书房里，回想各届学员济济一堂认真学习的情景，浮现出他们结业时写出的一篇篇学习心得，感受他们的收获，感到无比亲切、真实、诚挚，有声有色，充满金色的希望。任春艳老师发自内心的感慨，令人动容：作为八年级的班主任，过去常常以命令式口吻发号施令，孩子们做错事后，也几乎是惩罚多于劝告。"原来很多时候，我都在以我的方式伤害学生，难怪结果越来越坏。在参加培训得到指导后，我恍然大悟。只要我们投入爱心，多关注和引导他们，他们一样可以摘到桃子。"陈悦老师说出了很多学员的心里话："在培训学习中，我每天都能感受到思想火花的撞击，相信心理健康教育肯定能帮我解决工作中遇到的很多难题。加强对学生的心理辅导，可以减少甚至杜绝学生心理问题的发生。我相信这次培训，会有一种连续性的效果，影响我的生活，影响我的工作，影响我的一生……"

欧阳儒雅老师，以《大路伸向远方……》为题，写了一篇心得，在新媒体上广为传播。

大路伸向远方……

我非常有幸参加了本次留守儿童心理辅导员培训。来之前，我怀着一份期待的心情。在这连续三天的学习中，虽然比较辛苦，但非常有意义。我认真地听每一节课，做好笔记……此次的培训使我受益匪浅。无论是心理学理论知识，还是心理辅导方法和技巧都让我获得不少启示。

培训过程中每一位老师的讲座都很精彩。他们用一个个鲜明的实例，阐述了心理辅导这门学科的魅力所在，并且通过理论学习、小组讨论、演练示范等，让我们意识到心理辅导对提高学生心理素质的重要性。

通过培训，我知道了中小学生正处在身心发展的重要时期。只要将这一时期的孩子教育好，正确引导，往后的教育就不用那么费心了。人的成长就像一棵树的生长一样，首先应在他小时候培养良好的心理素质。一棵参天大树都是由一株小树苗长成的。当它长歪的时候，适当地"架枝"扶持一下，以助它往正确的方向生长，就像一棵小树一样，若在小时候有不好的思想习惯，不及时纠正，等长成大树就没法改了，因为已经成形，要想纠正就得整棵树拔起。为了以后更好的发展，对中小学生进行心理健康教育是很有必要的。

对于留守儿童，正如班主任杨铮传教授所讲的"留守儿童不另类""并非特困儿童和问题儿童"。他的实证研究成果"留守儿童的学习兴趣与非留守儿童无异"，以及他现场指导学员对留守儿童进行心理辅导的案例，对我都有很大的启发。当然，我也认识到自己应该提高自身专业素养，更好地了解、掌握心理辅导基本技能。

总之，通过这次培训学习，我增长了知识，意识到了心理健康的重要性，意识到了开展心理健康教育的重要性。我会在以后的生活和工作中继续探索，更进一步！

第二节　留守儿童创伤与叙事研讨纪实

编者按：2016年"湘北心协"延请吴和鸣老师举办精神分析培训班，让留守儿童心理服务工作者建立精神分析的视角，便于他们"由果索因"，为孩子们提供适当的心理帮扶。在此基础上，2018年8月5日，再次延请吴和鸣老师为我们举办创伤与叙事研讨班。"留守"的生态状况，可能给留守儿童的心灵带来负面影响甚至伤害，心理创伤常常是引发严重心理问题和疾病的重要根源。叙事治疗是后现代心理治疗技术，但创伤与叙事研讨班，不是"创伤复原"和"叙事治疗"这两门"技术"的简单叠加、融合，而是具有特别的内涵，通过故事叙述，让"潜意识意识化"，这是精神分析的视角、方法的生活化运用，也是本书第四章中所讲述的第三种"陪伴式"个别心理辅导的学理依据。吴和鸣老师的讲学，理论联系实际，深入浅出，深受欢迎，大大提高了留守儿童心理服务工作者危机干预和创伤疗愈的能力。

此次研讨班集中面授之后，与会同仁积极开展自我研修，或回听吴和鸣老师的讲课录音，或自发组织学习沙龙，或进一步阅读吴老师推荐的经典著作，或"复盘"思考他的讲学要点，尝试在心理辅导时运用；撰写长长短短的研修心得，粘贴在湘北心理服务微信群里的帖子如雨后春笋般涌现……

笔者是创伤与叙事治疗培训班的策划者、组织者、参与者，更是受益者，参与其中，写出数篇纪实文本与各位同仁分享，让大家互相参阅：一是有感而发，写生活、友情，情不自禁；二是希望对留守儿童心理服务志愿者的专业成长有所裨益；三是吴和鸣老师"潜意识意识化"的新视角、新方法值得学习、宣传、推广。吴和鸣老师对收入本书的两则纪实文进行了审读，特此致谢。

一、创伤复原，叙事写真

2018 年 8 月 5 日是个好日子！

澧水河畔，澧州古城；阳光灿烂，气象万千。

澧县少年宫的演播厅一派生机。8.7 米宽，3.7 米高的彩色喷绘映衬着孜孜以求的学习者。他们从武汉、长沙、益阳、张家界、常德市各地远道而来，近百人济济一堂，新老会员佩戴学员证，内心充满喜悦之情。

我们没有隆重的开班仪式，没有安排领导讲话。我对活动的介绍、对吴和鸣教授的介绍也非常简短。

主办方、承办方统一了思想，不搞任何形式主义、繁文缛节，要尊重学术，最大限度地集中时间，让吴和鸣老师更好地为大家讲学。

吴老师没有任何客套话、闲言碎语，开场就直奔主题说"今天我们讲创伤与叙事"，第二句就转了话锋，授之以渔："我们知道，学习心理治疗（心理咨询）有以下途径：理论学习、实践操作、个人体验和接受督导。"吴和鸣老师强调理论学习的重要性，强调读国外关于创伤治疗的名著，说这些名著都是他们积累了几十年的临床经验写出的，现在翻译过来了，要读这些原著。"我们不光是学，学了就要实践，就是要做"，他边说还在白板上用黑字连续重重地写下"做、做……"他建议我们在督导的指导下大胆地去做。这是对我们的鼓励，也是督促。在强调自身成长需要督导的时候，他现身说法，说自己现在每星期都接受督导，"有时候把我骂得'狗血淋头'，被督导骂……"我观察此时吴老师的表情，是那样的真诚、那样的谦恭。吴和鸣老师作为中国心理学会的注册督导师如此谦恭，这给我，给我们的自我体验（人格成长）上了极好的一课。

吴和鸣老师正式开讲了。他说："刚才（主持人）杨老师讲要我们放空（以前学过的东西），放空是很难的，今天我们讲创伤，也是想把它遗忘，但那是很难的。杨老师还说我们要（将所学）融合，我们说创伤也是一样，怎么样把它（朝好的方向）转化（复原），叙事呢，就是转化的一个途径（让潜意识意识化）。"语言简洁明了、生动形象，而且通过类比贴近实际，让我们明确一种新的心理咨询的思路、途径、方法：创伤（症状）—叙事（讲故事）—复原（疗愈）。

吴和鸣先生学识渊博，是我国知名的心理治疗专家，曾任武汉市精神卫生中心心理科主任，中德心理医院院长，现在担任中国地质大学（武汉）应用心理研究所副所长，担任"灾害与创伤心理学专业"的硕士生导师，他的研究方向是创伤的代际传递、实验传记。叙事心理学属于后现代心理学范畴。吴老师所研究的叙事（讲故事），与麦克·怀特、大卫·艾利斯顿创立的叙事治疗有联系，也有区别，不囿于他们设置的理论框架，是临床运用叙事心理学的一种新视角、新方法。

接着，吴老师现身说法，和我们分享在"东方之星号"客轮沉船事件后，他与心理咨询师对受到巨大创伤的死难者家属进行心理援助的过程，让我们直接感受和领悟到这种生活化的新视角、新方法：陪伴死难者家属，听他们一遍又一遍讲述他们与遇难亲人分离的情景（细节）。

他说"通过讲述之后，这个事故，就变成了一个故事"，就有了心理援助的效果。

之后，吴老师出示两张关于叙事的PPT："对于我们大多数人来说，生活和讲述是相互交织在一起的，我们通过将自身经历讲述出来而获得对它的理解，而我们讲述的这些故事甚至又影响着我们未来的经历（詹姆斯·费伦）""叙事是一种行为，某人在某个场合出于某种目的对某个他人讲述一个事件……"吴老师强调，叙事就是讲故事，讲按照时间顺序发生的事件，让"潜意识意识化"，这样，创伤引发的症状就有可能缓解或者消失。讲故事就是自我探索的过程，无论如何，叙事都是个人精神创痛得以救治和疗愈的必经之道。

随后，吴老师提出大创伤的概念，"很多的问题都跟创伤有关"，留守儿童与父母的分离，可能带来创伤。他讲文化与创伤，分析贪、嗔、痴现象的心理背景，讲心理疾病、身心疾病的创伤根源，继而解读《创伤治疗：精神分析取向》一书中的一位16岁孩子的病例，拓宽了我们对创伤根源和叙事意义的操作性理解。

下午，吴老师借助案例，为我们做创伤方面的理论讲解，包括创伤的定义、创伤性事件以及个体受伤害的可能性与主客观等方面的关系。同时讲解了叙事的困难及叙事的过程、方式，以及在咨询室发生的故事（跟随比导引更重要），等等，让我们对创伤和叙事这两个相互关联的主题有了较全面的操作性认知。

吴老师专门安排了课时对学员的案例进行督导，确切些说，是运用案例来进行教学。其中一个案例是学员杨敏老师提供的。杨敏叙述他帮助一位失足青年走出阴霾的复杂的心理咨询过程。吴和鸣老师说"杨敏在案主心中就像一盏灯一样……"。另一个案例是学员刘光顺老师提供的。刘光顺讲述了给一位高中生进行心理辅导的曲折过程，助力这位学生考上了理想的大学，全家感激不尽。吴老师说"这个家庭在若干年之后都会说当年遇到了'贵人'……"借助这两个案例，结合学员对心理服务现象的讨论，吴老师对创伤复原过程中的探索性咨询、支持性咨询，心理咨询的基本设置、心理咨询师的工作动机、心理服务工作室的建立、稳定的工作构架以及工作状态等方面的问题进行了点拨。

吴和鸣先生于2016年7月来澧县为我们举办过精神分析初级培训班，他说，目的不是培养精神分析师，而是帮助学员建立"精分"视角，用案例说话，让学员观照"潜意识意识化"的具体方法，拿来就能用。创伤与叙事研讨班，也可以说是继精神分析初级培训班之后的提高班，而且融入了后现代心理学叙事的元素，分享他自己的研究成果。此次，他更加注重实践，注重提高学员的实际操作能力，整个讲学过程是以解决问题（叙事让潜意识意识化）为主题，以案例为载体，以现场互动为经纬，适当穿插理论讲解、现场答疑，符合成年人的学习心理：为解决问题而学。学员能直接受到启发、会模仿，所以学习积极性很高，特别是对两位学员的案例进行讨论时，大家各抒己见，气氛热烈，我相信他们在交流与碰撞中都得到了提升。

时间飞逝而过。创伤与叙事研讨班的集中学习结束，意味着后续自我研修的开始。此次研讨班分三个阶段：自学阶段、集中培训阶段和后续自我研修阶段。自我研修的成果，除通过写"百字文"在群里分享以外，将用读书报告会的形式彰显。8月12日，笔者在澧县举办了8月5日公益会务志愿者心理服务成长沙龙，其他区域的学员，也采取灵活多样的方式开展相关活动，对8月5日的研讨内容复盘研讨，学员写出了很多研修心得。

举办此次研讨班，操心费力在所不辞，也是竭力践行"湘北心协"的文化理念。"湘北心协"以"服务会员，奉献社会"为宗旨，价值取向是"因为我的存在，让生命更加美好"，倡导"重视理论，崇尚实践，兼收并蓄，灵活运用"，主张"行知合一，反思创新，写'百字文'"。

笔者是举办这次研讨班的策划者、组织者、学习者，也是最大的受益者。研讨班之后，有幸成为学员"百字文"的第一读者，同时尝试运用叙事（故事倾听）的方式进行"陪伴式"健康心理辅导、心理咨询，感觉效果不错，有来访者主动打来电话，说"近些日子明显感觉洁癖症状减轻了，今天已报名上学"。

二、一种态度，浑身是"人"[9]

在公开、郑重、正式的场合，我称吴和鸣教授；在私下，在非正式场合，我觉得称吴和鸣老师更得体，更符合实际，因为他是一位称得上老师的人。吴和鸣老师这次讲学中有很多地方都能引发我们的联想、思考，能引起我们的共鸣，让我们终身受益。

他讲自己参与"东方之星号"客轮翻沉后的心理援助，给我们留下深刻的印象。他说，四百多人遇难，遇难家属来了，他们受到了极大的心理创伤，我们的团队去给遇难家属做心理援助、危机干预。我们基本不说什么话，就是陪着他们，反复听他们诉说和亲人离别的内疚与悲伤；把硬的凳子换成靠背椅，把矿泉水换成温热的开水……让他们在经历了强烈的情感冲击之后得到一些支持。"在这种场合，哪里需要什么高深的技术，要的就是一种态度，心理咨询师的浑身存在。"我对"浑身存在"的理解，就是"浑身是'人'"，也就是浑身散发着"尊重、热情、真诚、共情和积极关注"等咨询态度、咨询特质。

我想象吴老师他们做心理援助、危机干预的场景，是那样的人性化、人本化。这就是真正的危机干预、心理援助，这就是人性关怀，这就是让创伤复原的第一步（第一阶段）。随即我联想到《创伤与复原》一书中的阐述："创伤复原的过程可分为三个阶段：第一个阶段是安全感的建立，第二个阶段是回顾与哀悼，第三个阶段是重建与正常生活的联想感。"

同时，我也联想到了去年湖南省心理咨询师协会年会中某位教授的讲

---

〔9〕 "人"：指人性关怀。

学，他对汶川地震灾区心理咨询师进行心理援助中的某些做法给予痛斥，"拿着一个什么评估表，问你的爸妈走了痛苦不，痛苦到什么程度……"也联想到了教科书上对心理咨询师"尊重、热情、真诚、共情"特质的专业要求。有幸为吴老师的讲学做主持人，茶歇之前，我对不居高临下的"一种态度，浑身是'人'"做了延伸性点评："无论对我们草根心理咨询师、心理服务工作者的自身成长，还是对心理咨询工作、心理服务工作，特别是对留守儿童心理援助，都具有极其重要的临床意义。"

在浑身是"人"方面，吴和鸣老师给我们做出了良好示范。智慧与诚信写满他的面孔；浑身散发着"人"的气息：低调、平易、温和、谦逊、尊重。讲学过程也一以贯之，我们有目共睹。

我和吴和鸣老师在澧县少年宫见过四次面。第一次是 2015 年暑假。他在邵彩虹女士的陪同下，为关爱留守儿童的话题前来造访，在"湘北心协"的办公室，我们相谈甚欢，他认同我们的文化理念，说我们免费培训不容易。我问他是否能为我们会员的成长助力，他表示"你打电话我就来，不走市场那一套"。第二次是 2015 年 11 月，果真"你打电话我就来"，他来做案例督导，我们协会经费困难，几乎没付多少费用。第三次是 2016 年暑假。他为我们举办精神分析初级培训班，办班之前，为我们精心挑选精神分析入门的通俗读本书目。此次办班我们有了第四次见面的机会。

本来去年暑假要办这个班的，无奈吴老师分身无术，今年年初他连连答应："不能推了，一定来。"他的工作一直很忙，研究所的工作，为本科生、研究生上课，学术交流、社会活动，还有排队等着的个案、督导等。尽管如此，他跟上次一样，为我们精选提前自学的书目，不仅如此，还给我们发来精心设计的课纲……我记得，他说过几次，现在人的心理需求太多了，太需要有能力的心理咨询师、心理学工作者的帮助了，他说离开中德心理医院院长的工作到中国地质大学心理所教书，就是希望多培养这方面的人才。

讲学完毕，我们本想多留他一天，再到常德诗墙和桃花源去看看。当天晚上，他说"明天上午到城头山转一圈，下午一定要回去，没有办法，有事等着"，我们告诉他澧县到武汉下午没有班车。他说"现在网络发达，我可以自己在网上联系搭滴滴顺风车走"。他还举了之前各种开会晚了联系滴滴顺风车返回的例子。我说"到明天再说吧"。次日上午县少年宫办公室彭梅主任开车，我和黄星星、杨敏陪他在城头山转了一圈，11点半速速返回县城吃中餐。

最终，吴老师还是当日返回了武汉，傍晚，我收到了他报平安的微信留言："我已到汉。谢谢杨老师的邀请与盛情。保重身体。保持联络。"

在我的心目中，吴和鸣硕导是可以称得上先生的人！

吴和鸣先生为学员精心推荐的自学书目

2016年举办精神分析培训班开列的自学书目：

1.《癔症研究》，〔奥〕西格蒙德·弗洛伊德著。

2.《弗洛伊德及其后继者》，〔美〕史蒂芬·A. 米切尔、玛格丽特·J. 布莱克著。

3.《精神分析案例解析》，〔美〕南希·麦克威廉斯著。

4.《心理动力学心理治疗简明指南》，〔美〕罗伯特·丁·尤萨诺等著。

5.《精神分析艺术》，〔美〕托马斯·奥格登著。

6.《客体关系心理治疗》，〔美〕谢尔登·卡什丹著。

7.《精神分析治愈之道》，〔美〕海因茨·科胡特著。

2018年举办创伤与叙事研讨班开列的自学书目：

1.《创伤与复原》，〔美〕朱迪思·赫尔曼著，机械工业出版社。

2.《叙事心理治疗》，李明著，商务印书馆。

3.《弗洛伊德及其后继者》〔美〕斯蒂芬·A. 米切尔、玛格丽特·J. 布莱克著，商务印书馆。

第三节　别样"五四"——留守儿童心理援助研讨班

2019年5月4日，这天正是青年节，一群从长沙、张家界、吉首、益阳及常德各个区县而来的朋友们聚集在澧县少年宫，参加留守儿童心理援助研讨班暨湘北心理服务工作者成长活动。

此次研讨班由澧县关工委、教育局、民政局、卫计局（现为卫健局）联合举办，澧县青少年校外活动中心、县少年宫承办，澧县心理咨询师协会负责学术策划，旨在科普宣传国内留守儿童心理援助理论研究与实践探讨的成果，帮助心理服务工作者将其物化、运用，以便更好地为留守儿童及社会大众提供服务，提高湘北心理服务工作者的实操能力，促进湘北地区心理服务事业可持续发展。

湖南张家界市会员与笔者（中）合影：贺星（右一）、罗爱民（右二）、胡菊芳（右三）、李彬（左一）、刘建兰（左二）、张盛秋（左三）。

研讨涉及以下内容：草根心理服务工作者的留守儿童"范畴"；国内对留守儿童心理问题研究的两种观点的阐释；"留守儿童不另类"实证调查研究成果及应用价值解读；留守儿童心理援助"宏观"与"微观"结合的契机；怎样避免对留守儿童"污名化"和挖掘"留守"蕴含的积极因素；心理辅导活动课实施的常态教育形态，"三个一"送教到校活动的价值判断;"陪伴式"心理辅导人性化操作的基本范式;"陪伴式"心理辅导的"边界"问题;如何对家长(监护人)开展亲子心理讲座;心理服务工作者"镜我"(人格、技术)认知与修炼;人格成长及心理学技术生活化示例;等等。

研讨:以留守儿童心理援助作为切入点,从系统出发,采取问题导向、适当精讲、案例分享、音像直观、现身说法、答疑解惑等多种体验性方式,践行"重视理论、崇尚实践、兼收并蓄、灵活运用"的治学方略,力求以简驭繁,加深我们对心理援助技术综合运用的"个性化"理解,领略风格鲜明的心理服务话语体系。

研讨班上,陈悦老师分享了她的"陪伴式"个别心理辅导案例《我跟学生的故事 1.2.3》,让我们看到了心理咨询、心理辅导的草根工作者另类创造!

自 2017 年心理咨询师国家职业资格认证被叫停以来,草根心理服务工作者也许会产生能否将心理服务工作坚持下去的困惑,陈悦老师集多重角色于一身,对自己的学生创造性开展"陪伴式"个别心理辅导,且卓有成效。她隐去学生姓名等可以识别的信息,规避伦理风险,写下丁丁、当当、向向三个情景交融、曲折动人的案例故事(该案例收录在本书第六章)。

丁丁的故事由陈悦老师叙说。当当的故事采取访谈形式进行,在场人士在不知不觉中得到启迪。向向的故事则由陈悦老师通过饱含深情地朗读"向向"的自白,进一步阐释我们应该怎样走进孩子的内心世界!

她与学生之间曲折动人的案例故事,让我们豁然开朗……

下午,笔者从草根心理人的留守儿童"范畴"、对留守儿童群体的价值判断、心理援助要贯彻"避免"和"挖掘"、心理援助要宏观与微观相结合、"陪伴式"个别心理辅导的人性化实施、开展优化家长亲子教育培训刻不容缓、心理服务技术的"道"与"术"兼修且行知合一、草根心理人在自我修炼中"凤凰涅槃"等八个方面出发,用鲜活的实例，阐释了草根心理人自我研修，以及开展社会心理服务必须有的底层逻辑：

"三观"要正，即世界观、人生观、价值观要正确；"四心"要明，即敬畏之心、谦卑之心、仁爱之心、感恩之心要明确；技术要精，即全面了解，突出重点，道术兼修；同伴互助，接受督导，即自我督导、同侪督导、专家督导。

湖南省石门县的逸迩阁书院是中国最大的民间公益书院，院内设有"亲情聊天室"（心理咨询室）。逸迩阁书院的创始人高金平和夫人易秦均毕业于湖南师范大学，他们热情参与留守儿童心理援助，率领核心团队成员参加研讨，并接受现场访谈，让我们看到了逸迩阁书院的非凡历史，感受到文化高地的宏伟，更加看到了坚持的力量。高金平先生说："人与人之间最小的差别在智商，最大的差别在于坚持。"

笔者访谈逸迩阁书院创始人高金平（左）

什么叫结伴而行？什么叫同伴互助？什么叫抱团取暖？什么叫共同前进？整整一天的活动，我们感受到了团队的力量，一路同行的力量，正如协会会员石革红所说："今天是五四青年节，这个节日过得非常有纪念意义。虽然我已不是青年，但这次活动让我和所有的同仁再一次看到，我们也还可以发出光和热，哪怕微弱，但星星之火可以燎原，可以照亮更多的家庭，更多的孩子！"

湘北心理服务工作者成长活动感言节选

贺星：

重温调查报告《农村留守儿童学习兴趣的调查与探析》，感受极其深刻，有独特的方法论，有数据、有分析、有结论、有对策……留守儿童与非留守儿童学习兴趣"无异"的核心成果，为关爱留守儿童和对留守儿童进行心理援助提供了"方向标"。"留守儿童心理辅导策略"研讨的内容，立足解决现实问题，各抒己见，生活化、接地气，易于践行个案实操和团辅活动，我印象最深的是，杨老师认为草根心理服务工作者要学会"蹲下"、倾听、陪伴、洞察、思考……

徐进胜：

杨老师团队坚持对留守儿童的陪伴的高尚品格令我无比感动，杨老师积极开展家庭教育活动的社会责任与担当及其专业素养令我钦佩不已。儿童留守问题出现 20 多年了，旧的留守问题（因离家打工没法关爱孩子等）还没有解决，新的留守问题（因迷恋网络不去关爱孩子等）又已经形成，从"地理留守"到"心理留守"，从小范围留守到大规模留守，教育工作者不能视而不见。

孩子教育需要家庭、学校、社会和政府的齐心协力。家庭教育缺位的留守儿童并不另类，但他们也应该拥有幸福的童年。大部分留守儿童家长不是不愿关爱，不能关爱，而是不会关爱，不懂怎样去关爱孩子，迫切需要心理工作者的专业引领。杨老师引导"湘北心协"留守儿童心理援助工作从"陪伴"到"陪伴＋家庭教育"的升级，切合社会需求，发挥自身优势，开创留守儿童关爱工作新高地。

肖宏方：

陈悦老师讲述与丁丁、当当、向向三个学生"陪伴式"心理辅导的故事，是将心理学生活化、助人为乐、传播大爱的模范！我为学生有这样的班主任而感恩！真心希望陈老师能影响更多的班主任，不再有好心办坏事的班主任，惠及大众，造福一方！

"情绪是有能量的，孩子有情绪的时候要让他发泄，等他平静后，再平和地引导孩子……多看心理学理论书籍，从书上学，善于总结，从生活中学，将心理学生活化，心理学并不高大上，它实实在在贴近我们的生活……每次的成长活动，你只要记住一句很重要的话，或有一点点收获，你也不虚此行"……杨铮传老师这些谆谆教诲，更是引起我的心灵共鸣、震撼，引导我向这条道路砥砺前行，时刻牢记助人自助的理念，随时准备帮助有需要的人！

邓洁萍：

陈悦老师说是被杨铮传老师"忽悠"上讲台的，但她用自己独特的方式把那些在心理上被家长"遗忘"、行为上已经边缘化的孩子拉回到正轨，听得我热泪盈眶……

彭梦佳：

陈悦老师"陪伴式"辅导的心路历程多次让我们捧腹大笑，她对丁丁案例的分享又让我们感动和思考，其中的大智慧对我们一线老师来说是特别宝贵的财富。

下午杨铮传老师解读农村留守儿童"不另类"的专题讲座让我印象深刻，留守儿童不应该被贴标签，更不应该被"污名化"。

黄星星：

陈悦老师讲述她与丁丁的故事，令我再次动容！面对心门紧闭、内向的学生，她没有用教师身份当作"控制"的利器，而是选择"蹲"下来，看看孩子当下发生了什么，他需要什么帮助，然后信任与接纳他。

是啊，任何一个孩子，都是上帝派来的天使！丁丁的家人都很纳闷，为什么孩子那么难管，就是不愿意听从让其寄宿的安排呢？在陈老师的耐心引导下，这位小男生才跟自己的父亲哭着说他不愿意寄宿的原因，是害怕被同学嫌弃，担心同学用异样的眼光看他。平日寡言的父亲泛起泪花，很是震惊，颤抖地说："他今天说的是真的！他今天说的是真的！他从来没有跟我说过这些话。"

那一刻，我看到父子之间的冰山在融化。那横亘在父子之间的鸿沟出现了陈老师这一座桥，这令现场的我，再次泪如泉涌。

看到杨铮传先生对待陈老师的那份"抱持"，陈老师又把这份爱意播撒给她的学生，我这才真正明白，何为用生命影响生命！

罗爱民：

"重视理论，崇尚实践，兼收并蓄，灵活运用"，是"湘北心协"倡导的治学方略，只有"行知结合，反思创新"，才能真正有所作为。在研讨班上，各位同仁现身说法，特别是陈悦老师讲述"陪伴式"个别心理辅导的故事，让我十分震撼，实践出真知，实践出成果，创新有贡献！

俗话说："师傅领进门，修行在个人。"我将顺着"湘北心协"引领的文化方向，重视理论，学以致用，力争在"一路同行"中永不掉队！

第四节　从个体到家庭，从症状到关系

编者按： 青少年（留守儿童）家庭系统治疗培训班经过"指导自学、地面培训和后续研讨"三个阶段，指导专家倾囊相授，声声入耳，句句入心；参加培训的同仁积极投入，从面授现场互动到线上微信热烈交流，建立了"从个体到家庭，从症状到关系"的家庭治疗系统观，打开了一扇从家庭系统中求解决"个体症状"的"可视化"窗口。

青少年的发展心理、健康心理状况，与他们社会化过程中的"家庭因素"有密切的关系。如何从家庭系统的角度，引导他们的发展心理、健康心理按照"正"的方向走，是心理服务工作者必须思考的重要命题。因此，"湘北心协"精心策划举办家庭系统治疗培训班，旨在运用系统式家庭治疗方法和技术，改变家庭的关系模式、社会功能，减轻或

消除青少年（留守儿童）的心理问题，促进他们身心健康成长。

全体成员齐声诵读《湘北心理服务工作者誓言》

此次培训班由澧县关工委、教育局、民政局、卫健局联合举办，澧县少年宫、澧县心理咨询师协会承办。

早在 2019 年年初，笔者就与家庭系统治疗专家戴吉博士明确了办班意向，随即商定办班日期等相关事宜，4 月 18 日发布了办班的预告，6 月 22 日发布办班公告，开弓没有回头箭，7 月 14 日如期开班。

戴吉博士是湖南工商大学心理健康教育中心主任、中国心理卫生协会心理治疗与咨询家庭治疗学组委员、湖南省第一个家庭治疗专业团队负责人、中德高级系统式治疗督导师连续培训项目成员、中德家庭治疗高级连续培训项目成员，从事心理咨询、课程教学和专业培训工作 20 余年，深受欢迎。

此次办班突破一般社会机构培训"讲完就了事"的窠臼，遵循成人学习动机"为解决问题而学"的客观规律，以及"心理准备状态对学习效果的积极影响""练习才能使技能形成"的教育心理学原理，分三个阶段进行：

一是指导自学。戴吉博士推荐的自学读本：①《关系的评估与修复》（赵文滔著），华东师范大学出版社；②《生活中的心理学》（第七章）（戴吉著），中南大学出版社；③《家族治疗技术》（第二版）（王雨吟译），中国轻工业出版社。

二是地面培训。戴吉博士温馨提示了课前的准备工作：采访从自己往上三代以内的主要家庭成员，可根据自己的兴趣、对自己的影响等标准自行确定采访对象，须多方询问该成员的基本情况，如年龄、职业、疾病、个性特点、与自己的关系等。戴吉博士精心设计了培训内容：7月14日上午，进行家庭治疗系统观、家庭生命周期等理论及案例分享；下午，进行家谱图、家庭格盘等可视化技术及案例研讨。培训内容注重将理论学习与案例研讨紧密结合，使学员能更好地吸收和提高。

三是后续研讨。绘制自己的家谱图进行分析；湘北各区、县、市自行组织研讨沙龙，"湘北心协"派本土专家参与。

戴吉博士倾囊相授，从《从家庭治疗视角看青少年发展》到《可视化技术在咨询中的应用》，专业理论与案例研讨紧密结合，深入浅出，接"地气"，听得懂，学得会。

学员为"解决问题而学"，积极购书自学，参与面授互动，过后自主研讨，在"湘北心协"群发表学习感言，建立了"从个体到家庭，从症状到关系"的家庭心理咨询系统观，并使其落地生根，在现实生活中灵活运用。

湘北心理服务工作者活动感言

叶明双：

戴吉老师今天分享的打分技术的方法与应用让我感触很深。虽然我不是心理咨询师，但我认为打分技术可以利用到教育工作和自我生活调节之中。找到一个问题最好和最坏的两个状态，从0分到10分，让求助者定位自我问题的水平线，并寻求问题逐步解决的途径，让求助者看到问题解决的方向和方法。我觉得老师在学生工作中也可使用。感谢戴吉博士！

沈程：

参加青少年（留守儿童）家庭治疗的研讨班，结合"焦点"和"叙事"的理论，感觉对心理咨询中后现代流派有了更清晰的理解。

家庭治疗中，咨询师要有系统观。看待来访者当下的症状，要看到症状背后的功能性。既要思考症状给来访者带来的"好处"，也要看到症状背后的关系，改变关系才能改变症状。例如，孩子躁郁，情绪不稳定，总在学校惹事。咨询师不能只针对孩子的问题去做工作，应该透过这些行为，看到家庭中夫妻关系的问题，孩子正是想利用这些症状，将父母拉回家庭，获得更多的关注。咨询中，改善家庭成员间的关系，也是治疗工作的一部分。

"问题"是人构建出来的，利用家庭成员对问题的不同视角（资源），去解构或重构问题。家庭系统治疗中循环因果的视角，能打开咨询师企图通过找到问题根源解决家庭问题的死结。

家庭中的自我分化非常重要，承认孩子是家庭中独立的个体，提醒自己做一个"60分"的"懒妈妈"，给足孩子成长的空间。

家庭系统治疗要通过寻找"例外"，充分挖掘来访者内外的弹性，帮助他看到自己的资源。例如，面对抱怨孩子写作业太磨蹭、压制不了怒火的妈妈，咨询师可以通过提问，有没有哪一次孩子做作业特别快，没有磨蹭的？那次发生了什么？有哪些可借鉴的因素？

梅海辉：

家庭治疗系统观对我的启发很大。研讨班结束后的第二天，一位家长因其上5年级的孩子不上学而带她来做咨询，通过摄入性会谈，我了解到：两年前孩子父亲去世后，母亲独自抚养两个孩子，压力越来越大，经常无故对孩子发脾气，特别是孩子学习不认真或考试成绩不理想时，她会大发雷霆，孩子开始是沉默，忍不住了也大发脾气……渐渐开始厌学，发展到干脆不上学。我从家庭系统的角度出发，给孩子的母亲重点做了亲子教育咨询，她非常认可这种不良关系对孩子带来的负面影响，是孩子厌学的主要原因。解铃还须系铃人，妈妈的改变，亲子关系的优化，孩子也发生了巨大的改变……

胡菊芳：

这次戴吉老师授课，我学到了很多干货，明白了对于一个来访者，我们不能把他看成一个简单的人，而是要把他放在情境之中，也就是要把来访者放在家庭及社会系统之中，从系统的角度看症状背后所产生的原因，通过改变关系，进而改变症状。

我也明白了"三角化"对于孩子的影响，如果产生了"三角化"的家庭关系，那这个家庭之中的孩子就会出现各种症状，无形之中还会替代父母的功能。避免"三角化"最重要的关系是夫妻关系，只有夫妻和睦，孩子才能自由"进出"各种关系，在青春期顺利完成自我分化。

戴吉老师的课实操性很强，特别是家庭格盘的使用。往往来访者深陷家庭之中，无法理清关系，但当他把家庭格盘的木偶摆放在自己眼前的时候，会突然明白自己和其他家庭成员所处的位置，以及家庭成员之间是如何互动，又形成了什么样的关系。这种"形象化"的呈现，让来访者快速领悟自己应该做什么，不应该做什么。

来自张家界的会员刘建兰（左一）、胡菊芳（左二）贺星（右二）、罗爱民（右一），与戴吉博士（左三）、笔者（右三）合影。

刘建兰：

这次学习就是及时雨，让我深刻体会到了"从个体到家庭，从症状到关系"的重要性，知道每一个人都不是单纯的个体，他同时也是一个家庭的组成部分，更是一个系统的元素，把人放在系统中去理解，会给我们更多、更广的视角。

今年我参与了张家界市爱心联盟承接的"焕新乐园"陪伴项目的部分工作。回想我的服务对象乐乐，一个七岁的小男孩儿，也是一个留守儿童。前期陪伴的志愿者都说乐乐不知感恩，看到他们都不打招呼。我和其他陪伴志愿者第一次到他家时，他对我们也是不理不睬。

随着陪伴活动的开展，我了解到爷爷奶奶经常因为乐乐成绩不好而骂他，周围邻居经常因为他家经济条件不好而挖苦他。在失去父母照顾的情况下，爷爷奶奶和邻居的行为让他更加封闭自己，胆小而内向。那次活动结束前，我们跟奶奶做了交流和沟通，告诉奶奶孩子成长过程中，家庭对孩子的信任、鼓励和尊重的重要性。

随着爷爷奶奶教养态度（关系）的改变，乐乐渐渐发生了改变。后来他信任我们，带我们去了解周围的环境。到了自然界中，乐乐好像换了一个人，机智、灵活、勇敢、担当，发现他会与树对话，会利用土坡做滑滑梯……

这次陪伴结束前，乐乐就与大学生志愿者亲近起来了，趴在大哥哥的背上，在我们轮流背诗时，乐乐从刚开始扭扭捏捏不开口到后来抢着背诵。我们看到了乐乐的另外一面，不同于胆小内向的那一面。

回顾乐乐的变化，结合这次的学习，我开始认识并深刻理解了"从症状到关系"的内涵，关爱留守儿童，不仅要关爱留守儿童本身，还要从留守儿童的家庭和周围系统入手，随着孩子生存关系和氛围的改变，留守儿童原来凸现的"毛病"也会随之改变，关爱留守儿童不仅需要有爱心，还要有知识技术和方法。

第五节　"逸迩阁"留守儿童心理援助工作坊侧记

2019 年 10 月 7 日，正值国庆长假期间，来自长沙、益阳、张家界、吉首及常德各个市、县近 120 名志愿者，从四面八方汇聚到逸迩阁书院，参加"留守儿童心理援助工作坊暨 2019 年湘北心理服务工作者第三次成长活动"（后简称为第三次成长活动）。2019 年 8 月 27 日，湖南教育电视台曾以《留守儿童不另类"澧县样本"走向全国》为题进行过报道，此次活动以《用真情和爱心守护留守儿童健康成长》为题的报道，将留守儿童心理援助案例（项目）的拓展应用推向一个新的高度。

逸迩阁书院坐落在革命老区湖南省石门县城东郊易家渡镇，由"一院三馆"组成，即逸迩阁书院、逸迩阁图书馆、逸迩红色文化馆和逸迩传统文化馆。

第三次成长活动在逸迩阁书院举办，出于留守儿童心理服务工作者个人成长的迫切需要。个人成长涵盖理论学习、实际操作、接受督导、个人体验（人格成长）四个方面，留守儿童心理援助特别是开展"陪伴式"个别心理辅导，对志愿者个人体验（人格成长）的要求是很高的。人格成长属于德育心理范畴，情景陶冶、潜移默化极其重要，逸迩阁的精神文化氛围是留守儿童心理援助志愿者个人体验（人格成长）最好的场所。

4 月 18 日，"湘北心协"对下半年开展此次活动进行了预告，由于留守儿童心理服务志愿者分布在长沙、益阳、张家界、常德市四个区域，具体什么时候集聚一堂，确实有点犯难，最后决定在国庆长假最后一天进行，9 月 22 日正式发布此次活动的公告："逸迩阁有着卓越的文化精神，对心理服务工作者的自我成长和专业成长具有潜移默化的影响。为落实年初计划，此次活动于 10 月 7 日在逸迩阁书院如期进行。"

逸迩阁的大美情怀激励留守儿童心理服务工作者的人格成长

10 月 7 日，是留守儿童心理援助志愿者期待已久的日子，他们怀着一颗朝圣般的心，迫不及待地奔向仰慕已久的逸迩阁书院。

听闻第三次成长活动在逸迩阁书院举办，湖南教育电视台吴冠村主任一行欣然前往，第一天赶到石门县城，第二天早早到达逸迩阁书院大楼，恰遇易秦女士正在给前来阅读的留守孩子诵读绘本，立即开始采访，留守孩子告诉吴主任，这里有像妈妈一样亲切的易老师，她们都非常喜欢书院。

湖南教育电视台吴冠村主任（左）采访易秦（右）和小读者

活动方原本安排志愿者上午 9 点正式参观学习逸迩阁的"一院三馆"，但出乎意料，8 点刚过，就有志愿者签到，远在湖南张家界的志愿者凌晨 4 点集体包车出发，早早地赶到了逸迩阁书院，于是临时决定按志愿者到来的先后顺序，分批进行参观，逸迩阁书院的创始人高金平、易秦夫妇亲自带领大家参观。

逸迩阁书院大楼共 7 层，建筑面积 3000 余平方米。一楼设有综合阅读区、未成年人（留守儿童）阅读区、残障人士阅读区、心理咨询室等；二楼、三楼、四楼为藏书区，设有文津《四库全书》、中医药文化、佛教文化、道教文化、地方志、荆楚湖湘文化、学术探源、连环画等专馆；四楼还设有红色展览馆；五楼设有专家工作室和能容纳 150 人的报告厅；六楼设有专家生活区、影音室、会议室；七楼为行政办公区。

观看《逸迩书香，大美情怀》专题片之后，聆听高金平的演讲《山高路远脚下踩——我的逸迩情怀》，每位志愿者都受到了一次刻骨铭心的精神洗礼！

高金平的演讲涤荡着志愿者的心灵

高金平揭示了自身成功的"秘诀"：理想（志向）—情怀—坚持。他自幼勤奋好学，酷爱收藏典籍，四十多年积累藏品 100 多万（件），动员家族倾资 5000 万元开发建馆，与民共享。

"没有比人更高的山，没有比脚更长的路"，那种"敢问路在何方，路在脚下"坚韧执着的精神与情怀，将促进留守儿童心理服务工作者自我体验、自我反思、自我成长，不忘初心，砥砺前行！

　　"湘北心协"每年为会员免费举办三次成长活动，到此次留守儿童心理援助工作坊，已走过 10 年的历程。笔者深有体会，十年春秋路漫漫，十年坚持苦与甜；有会员言说"难忘湘北我的家"，足矣！

　　在 10 月 7 日这个令人难忘的日子，为 8 位"最美会员"举行了隆重的颁奖仪式，奖品是教育部高等学校心理学教学指导委员会推荐用书，100 多万字的《心理学与生活》。这是一本优秀的、经典的心理学教科书，在全世界许多国家的心理学界都有着极高的知名度，是心理学基础教材中必读作品，此举意在鼓励会员读心理学经典，走应用心理学生活化的道路。

　　笔者（左五）和刘忠义（左六）为 8 名"湘北心协"最美会员颁奖，从左至右，分别是张家界贺星、澧县皮新宇、桃源陈春云、武陵区吴海燕、益阳市陈新桂、澧县李桂枝、武陵区孙晖宇、澧县杨敏。

　　逸迩阁书院是全国最大的公益民办书院，特设"未成年人阅读专区"，配备专职馆员精心照顾留守儿童，被誉为"留守儿童的全职妈妈"；为了更好地为未成年人服务，创办了国内图书馆第一家心理咨询室，特聘笔者为其主事；参与留守儿童心理援助项目成果的推广应用，积极开展关爱留守儿童"三个一"送教到校活动。

　　逸迩阁心理咨询室的诞生，与阁主的专业情结和职业情感有着千丝万缕的联系。高金平先生是湖南省改革开放后第一批教育心理学专业的高材生、高级讲师……现履职湖南幼儿师范高等专科学校校长。

书香浸润心灵，感悟阁主初心。在"留守儿童全职妈妈"这里举办第三次成长活动相得益彰。当回放中国心理学家大会组委会宣布"全国首届社会心理服务案例总冠军是——澧县心理咨询师协会"那一刻的场景时，全场掌声雷动，经久不息；在观看第 13 届中国心理学家大会社区社会心理服务论坛《留守儿童心理援助案例分享》的视频选段时，作为这一案例的见证者、参与者、推动者，各位志愿者的情绪高涨，喜悦之情溢于言表。

接下来，复盘相关专家对我们案例进行的点评："具备生态系统观，做到了小系统（个体）、中系统（学校、家庭等）、大系统（政策）相配合，环环相扣，交互作用。"复盘主持人教育部心理学教学指导委员会委员贺岭峰博导对我们开展培训活动给予了充分肯定，他指着一幅幅留守儿童心理服务志愿者培训纪念照的投影说，"他们对自己的工作是满意的，参加培训也是开心的，你看，每个人都在微笑，发自内心的微笑……"此情此景，引发强烈共鸣，现场不由自主响起了掌声。

笔者精心思考的第三次成长活动的内容顺序"预案"，抵不住志愿者"问题求解"的热情，各位同仁争先恐后，围绕留守儿童心理援助提出了方方面面问题，包括"留守儿童'不另类'实证研究方法论的底层逻辑""留守儿童'不另类'，为什么还需要心理援助""留守儿童心理援助与常态教育的联系及切入点""破解留守儿童心理援助难点的实际操作""中小学心理辅导活动课与团体心理辅导的关系""搞好'陪伴式'个别心理辅导的关键是什么""一个神奇的心理辅导故事的学理依据是什么""怎样立足现实引导留守儿童的家长担责"，等等。

我们采取讨论、互相回答，适当点拨、短讲的方式解构问题，互动交流、思想碰撞，人人都有所收获。现场气氛非常热烈，留守儿童监护人代表邓洁萍女士认为"家长要注重与孩子情感交流"；参加第一届留守儿童心理辅导员培训班的周秀春老师用个案说明"陪伴式"心理辅导的可行性；参加第二届留守儿童心理辅导员培训的周情老师汇报怎样"让爱流动"；来自益阳市的陈新桂老师，介绍了"班主任'蹲下来'进行心理辅导的要领"；来自北京成功之道长沙站的黄星星老师深情回顾了两年来参加"湘北心协"关爱留守儿童系列活动的心路历程，说"我这才真正明白，何为用生命影响生命"！

最后集中研讨湖南张家界贺星女士提出的问题，"我是一个非心理学专业的草根心理咨询师，怎样才能更好地开展留守儿童心理援助、心理健康教育工作？"这是很多同仁共同关心、关注的问题，"怎样开展"是实践探索、习得的过程，以后"我们一路同行"，共同探讨，关键是建立对"草根"的正向认知，树立开展心理服务工作的坚定信念。

通过现场互动、思想碰撞，志愿者形成了最基本的概念：不管学历"来路"，不管是专职还是兼职，只要扎根基层，从事心理服务工作就是"草根"；"草根"具有极强的生命力、意志力，"离离原上草，一岁一枯荣，野火烧不尽，春风吹又生"；对留守儿童进行心理援助、投身学校心理健康教育，以及社会各界开展社会心理服务始终离不开"草根"；中国应用心理学的发展离不开"草根"，心理学理论的创新也离不开"草根之路"的实操性贡献。

笔者作为终身扎根基层的心理学工作者，看到眼前这些同道，或心理咨询师，或心理学爱好者，花钱学习来提高自己，利用各种平台投身各种形式的心理服务工作，或长期、或短暂，或专职、或兼职，淡漠功名利禄，致力心理健康教育，开展留守儿童心理援助，他们是最可爱的人！

草根的力量虽小，小到像微尘一样无法让人觉知，但无数的微尘将汇聚成强大的洪流，产生雷霆万钧之力，托起一片美好的天空！

第六章

留守儿童心理援助案例故事

每一个案例故事，都是对留守儿童的心理援助，对未成年人开展"陪伴式"心理咨询、心理辅导的"生活化"解读，"如果你真想关爱留守儿童，你真想做社会心理服务或者类似的社会工作、社区工作、农村工作，都应该看看这本书"（贺岭峰·序二）。

　　本章中所有的故事都有原型，均为留守儿童或曾经留守过的孩子。遵守《中国心理学会临床与心理咨询学工作伦理守则》（第二版）中"避免使用完整案例""保护当事人隐私"等规定，对所有案例均做了规避伦理风险的处理，所有姓名均为化名。

　　依据心理咨询学评估标准，其中一例经精神科医生诊断为强迫症，及时转介、配合精神科专家辅之以心理咨询，效果比较理想；其余个案可评估为一般或严重心理问题，甚至疑似神经症，"陪伴式"个别心理辅导的效果都很好。

　　对《一个神奇的心理辅导故事》表观现象的叙述，以及化解"心理冲突"方法的心理咨询学解读，都能深刻表明，只要具备"一种态度，浑身是'人'"的良好特质，每位教师都能运用"陪伴式"个别心理辅导，成为合格的"心理保健医"，坚持"预防为主，以人为本"，为学生的心理健康保驾护航。

第一节 一个神奇的心理辅导故事"技术"解读

编者按： 2016 年 11 月 4 日下午，澧县首届留守儿童心理辅导员培训班案例答疑，参培学员杨丽提出一个令人头疼的有关一年级孩子的"问题"，请求指导、帮助。笔者组织学员讨论，明了"问题"的实质，最后"支招"，建议在常态的教育场景中进行"陪伴式"个别心理辅导。杨丽返校后照此"办理"，效果极其显著，写出纪实文章《一个神奇的心理辅导故事》，公开发表，广为流传，被誉为草根心理辅导的经典，湖南教育电视台于 2019 年 8 月跟踪采访，证实了"陪伴式"个别心理辅导效果的"持久性"。

一、"故事"（案例）基本信息

主要状况（症状）

张华平（化名），6 岁，2016 年 9 月正式就读一年级。入学第 3 周，一年级的小朋友排着长长的队伍去吃中饭，他一人在队伍后面哭得特别厉害，老师一问才知道，原来是没跟上队伍。

虽然这孩子头脑聪明，但常常会因为一点小事而哭得歇斯底里；上课听讲不认真，有时会在课堂上突然大叫，被老师批评时会有强烈的抵触情绪，经常影响正常的课堂秩序。

有一天快放学了，同学们都在认真地抄写作业，而他却在玩。老师想吓唬他一下，就说："没完成作业的同学放学后要留下来哟。"他一听，哭着把全班同学的座位都给推翻了，还不解气，又拿衣袖把黑板报也擦了。老师拦都拦不住。（2019 年 8 月 14 日复访，这孩子完全正常。）

家庭成员的基本情况

张华平是独子，在他上学前不久，父母外出打工。张华平的监护人是爷爷、奶奶。爷爷比较娇惯孙子，对其百依百顺；奶奶恰好相反，脾气暴躁，不听话就打。

那天张华平放学后推翻座位和擦黑板报的时候，正巧被来接他放学的奶奶看见了。奶奶逼着他向老师道歉，他怎么也不肯。这时他奶奶的举动让人都惊呆了，奶奶竟然抓住张华平的头去撞墙，最后在老师的劝说下，奶奶才领着张华平回家。过后奶奶改进了方法，后来母亲返乡带孩子。

二、困境故事（心理困境、现实困境）

张华平是典型的留守儿童。上学读一年级之前，父母外出打工让他产生依恋之情，监护人爷爷"溺爱"和奶奶"专制"的教养方式，让他难以适应当前的生活环境，从幼儿园"游戏活动"到小学"规则学习"的重大转变，加深了"不适应性"的内在感受，产生焦虑、恐惧，但没有被爷爷奶奶"发现"，于是用"歇斯底里地哭""课堂上突然大叫"等方式来外化，来向学校老师"求助"。在班级授课制的教学条件下，从行为规范的角度，教师对学生扰乱课堂秩序"突然大叫"的批评太自然不过了，但张华平的心理需求不但没有得到满足，反而受到批评，必然产生强烈的抵触情绪，内心的纠结、孤独和痛苦也是可想而知的。当听到老师吓唬他说"放学后要留下来"时，痛苦、恐惧、愤怒到了极点，引发了哭着"将全班座位推翻"等过激行为。

面对张华平的种种表现，他的班主任、科任老师很是着急、纠结。这孩子行为反常、不听教导，是咋回事啊！继续留在班上，班上的课堂纪律咋办？最好是劝他休学，但需要对家长有一个说法，也觉得刚开学不久就劝他休学不太合适，可是最担心的还是怕孩子在学校出什么安全事故，谁都担不起责，孩子是不是有严重心理问题需要休学治疗？老师向校长反映他们的顾虑，校长也是左右为难。

三、需要解决的核心问题（冲突点）

张华平种种反常表现与父母外出打工、爷爷奶奶的教养态度有关，是孩子适应不良的表现，其关键是安全感的缺乏。

要解决的核心问题（冲突点）：张华平安全感的缺乏、希望"被看见"的心理需求，与现实（生活、学习）环境"缺乏适宜性理解、呵护"之间的矛盾，可以通过采取适宜的"理解与呵护"心理关爱方式来解决。

小学低年级学生的思维是以形象思维为主。根据张华平的思维特点，"陪伴式"个别心理辅导，直观的、可触摸的"理解与呵护"心理关爱方式，才是最适宜的、最有效果的。

四、与辅导老师的互动故事

2016年11月4日下午3点。我给澧县首届留守儿童心理辅导员上"留守儿童学习兴趣与心理援助"的课，进入现场答疑、互动环节。参加培训的115人，都来自中小学45岁以下的班主任，大家积极把在教育、教学工作中感到棘手的问题提出来讨论交流，气氛很热烈。

一位坐在教室最后面的年轻老师站起来，望着我急切地说："杨老师，我也姓杨，叫杨丽，我要请教！"

杨丽老师叙述：张华平父母常年在外地打工，因为落实孩子上学的事情回来几天后离开；爷爷对孩子十分溺爱，奶奶在家庭关系中很是专制；有天放学后张华平情绪失控推倒全部座位和用衣袖擦掉黑板报（仅此一次）；班主任、科任教师以及校长担心孩子出安全问题，对是否劝其休学，正左右为难。

我说："前天我们学习了严重心理问题的评估标准，大家对照一下想想看。"

有的说："好像不怎么像严重心理问题。"

……

最后杨丽说："请问，这孩子是不是有严重心理问题？"

我回答道："孩子发生哭、闹等症状，都是由于现实的刺激或其他原因，症状持续时间不到两个月，没有泛化，一直未出现逃学的情况，打上课铃进教室，没事时正常学习、写作业，说明社会功能没有严重受损，能不能说他有严重心理问题？"

根据前天学习到的严重心理问题的评估标准，大家一致认为张华平没有严重心理问题。

"不是严重心理问题，就是暴力行为！"一位学员语气坚定地说道。

"真的吗？只有一次推倒座椅，能上升到暴力行为层面吗？再说，他是对谁施暴？推倒的是座位，擦拭的是黑板报上的粉笔字，而不是人……"

大家你一言，我一语，意见开始出现分歧，此时学员杨丽发言："仔细想，这孩子平时胆子还蛮小，没有事、不批评他的时候，蛮斯文、蛮可爱的，不能说他有暴力行为。"

此时此刻，大家的认识达成一致。

"这些我都知道了，但到底该怎样辅导这个孩子？我是带着任务来学习的，我们校长和老师们都交代过我，要我向专家请教、求教。"杨丽有点着急。

"需要给你支招？"我问。

"是的，要不要把他带到咨询室去？"杨丽继续说出心里话，"我只是学校的科任老师，校长问这次培训班哪个愿意去，我说愿意就来了，我不是心理咨询师，没有一点技术，但我喜欢孩子，也对心理辅导感兴趣。"

杨丽的真诚让人感动，我说："这次发给大家一整套心理咨询师职业资格考试的教科书，以后慢慢去读，慢慢消化，千万不要本本主义，要联系实际、灵活运用。"

下面是我给杨丽的"支招"：

第一，你要大胆地告诉校长、班主任和科任教师，这个孩子没有严重的心理问题，也不是暴力行为，是对父母依恋、内心孤独、缺乏安全感的表现，是对监护人家庭教育适应不良的表现，是对学校教育正向期待的表现，只是有心理纠结，最多只是一般心理问题，是由现实刺激引起的情绪失控，现实刺激一消失，他就会平静，豁然开朗。

第二，学校要与监护人交流，关键是解决奶奶"动不动就打"的专制教养态度和方式，爷爷也不能溺爱，要营造一个民主的家庭氛围，要联系他爸爸妈妈多打电话回来，对孩子表达关心、关爱。

第三，对这个孩子的心理辅导，不需要到心理咨询室去，要在常态的教育教学过程中进行，因为他的年龄小，认知以形象思维为主，讲道理没有用，要生活化、润物细无声。

第四，班主任、科任教师改变对孩子的教育方式，发现孩子哭，要"视而不见"，不批评他，哭就让他哭一会儿，让其内心的恐惧情绪自然释放些，然后走到他的身边用手搂着他，轻轻地抚摸，如果哭声小了点就拍着他的身子说"好乖，好乖"，如果他的哭声停不下来，就说"乖乖，有什么不舒服的讲给老师听"，语气要真诚、贴心；他在课堂上出现"突然大叫"等状况时，改变以前单纯批评的方式，我们仍可"视而不见"，或用目光、微笑友善地暗示一下，可能状况不再继续。

第五，要打着"灯笼火把"寻找、发现他的长处、优点，及时用口头语言和肢体语言进行表扬、赞美；抽点时间像朋友般地亲近他，分享"你这两天最开心的事情"。在他的心目中老师就是权威，"被老师看见""被老师亲近""被老师鼓舞"的力量是巨大的，会改变他的心理图式，产生积极心理情绪和行为。

"照您讲的，心理辅导还蛮容易，照着做会不会有效果……"有学员直接说出了心中的疑虑。

我接着加以说明，也面向全体学员："希望杨丽照着做，希望大家不要太担心结果，照着做自然会有好效果。这五招蕴含诸多心理咨询原理和技术，促使家庭配合能优化孩子心理健康发展的环境；接纳、拥抱这个孩子能深度共情，有利于建立良好的关系；赞美孩子的优点是阳性强化，强化他好的行为；聊他开心的事情贯穿了积极心理学的思想，能放大他的积极情绪，增强他的心理能量，等等。"

此时学员杨丽说："您讲的我能做到，但他的奶奶习惯于专制教育，如果不听我们的话怎么办？"

这是很现实的问题。我建议尽快做一次家访，如果目前没有时间家访，要抓住奶奶每天放学后来接孙子的机会沟通，奶奶如果不改，可以直接告诉她："如果继续动不动就打，您的孙子有可能走向极端……这不是吓唬，有这样的先例啊！"孩子的奶奶肯定爱她的孙子，以情理交融的方式与她沟通，她肯定会改变态度的。

杨丽表示会践行这五招，遇到问题随时向笔者请教，相约在 11 月20 号举办主题沙龙活动时和大家分享践行情况。

当日课毕，培训班结束，学员各自回到了自己的工作岗位。直到 11月 20 日之前这段时间，我一直没有接到杨丽的电话，心里多少有点忐忑，那些方法是否有效果？

11 月 20 号这天，杨丽来得特别早，见到我很兴奋，连声说："那几招真的好神奇"。张华平这孩子的问题得到很好的解决，学校和家长都非常高兴。她在主题沙龙中做了详细介绍，大家都受益匪浅。

我也非常高兴，建议杨丽写一篇叙事性的文章，她也乐意接受，写出了《一个神奇的心理辅导故事》，广为流传，被誉为"草根心理辅导的经典"。

一个神奇的心理辅导故事

杨丽

2016 年 9 月，又迎来了新一学年的开学季。新入学的一年级小朋友们排着长长的队伍去吃饭。在众多的小朋友中，一个留着小平头，虎头虎脑的小男孩引起了我的注意。他一个人在队伍后面哭得特别厉害。我以为他哪儿不舒服或者发生了什么事情，连忙跑过去。一问才知道，原来是没跟上队伍。这个小男孩名叫张华平（化名），头脑聪明，但常常会因为一点小事而哭得歇斯底里；上课听讲不认真，有时会在课堂上突然大叫，老师批评时会有强烈的抵触情绪，经常影响正常的课堂秩序。

有一天快放学了，同学们都在认真地抄写作业，而他却在玩。老师想吓唬他一下就说："没完成作业的同学放学后要留下来哟。"他一听，哭着把全班同学的座位都给推翻了，还不解气，又拿衣袖把黑板报也擦了。老师拦都拦不住。正巧被来接他放学的奶奶看见了。奶奶逼着他跟老师道歉，他怎么也不肯。这时他奶奶的举动让我们都惊呆了。奶奶竟然拿张华平的头去撞墙。最后在老师的劝说下，奶奶才领着张华平回家。

后来，我们才了解到这孩子的父母在外地打工，由爷爷奶奶带大。他们对孩子期望值又过高，家庭教育观念不一致，家庭教育方式存在严重偏差。爷爷平时比较溺爱孙子，奶奶的教育方式却简单粗暴。

2016 年 11 月初，我有幸参加了澧县留守儿童心理辅导员培训班。在培训学习中，我们聆听了几位老师的讲座，授课教师都以鲜活的案例和丰富的理论知识阐述心理健康这门学科的魅力所在，我深受启发。我当时有个念头就是，用我所学去影响那个孩子。在现场答疑环节，我把张华平的情况向杨铮传教授陈述，当时我说："请问，这孩子是不是有心理问题？"杨教授引导大家讨论。有的学员说"有暴力倾向"，有的学员说"有心理问题"，但后来大家都否定了。杨教授分析可能是家人尤其是父母爱的缺失导致其比较压抑，内心爱的需求得不到满足，或者是奶奶的打骂教育带来的恐惧需要释放才大哭，才大喊大叫。杨教授建议我们对监护人做好亲子教育引导，多关心他的学习和生活，走进他的心里，还提醒我多亲近这个孩子，对于一年级的学生，十个道理也比不过一个拥抱，哭的时候就静静地拥抱他，要我试试看。

三天的培训结业，回到学校后，我主动与其亲近，下课后经常拉着他的手与他谈心。只要发现他的闪光点就会夸奖他，发现他有不开心的事就抱抱他，轻轻地安慰他。我发现张华平其实是个很喜欢表达自己的孩子，他每天都拉着我说："老师，我告诉你一件事情……老师，我还有一件事情想告诉你……老师，下课了我们又来这儿聊天，好吗？"他很喜欢我，也很信任我。在校园里只要见到我，都会跑过来轻轻地叫声："杨老师好"。亲其师，信其道。所以我和他一起拉钩约定：上课时有什么事要先举手，老师同意后再说。课堂上不能大喊大叫，要做个尊重他人的小朋友。

有一天，这孩子又哭着跑过来说他心爱的玩具不见了。我抱了抱他说："孩子，你真的进步很大，心爱的东西不见了也不会像以前那样大哭了。老师真为你的进步感到高兴！"他不好意思地笑了。一个星期以后，张华平的老师也向我反映，他现在上课时注意力集中多了，基本上没有大喊大叫等影响课堂的行为了。大家都很高兴！

11月20日，我参加了县里为我们这个班举办的留守儿童心理辅导员主题心理沙龙。在沙龙活动中，我向大家汇报这个孩子的转变情况，杨教授充分肯定了我的做法，并且说："不要把心理辅导看得很神秘，这就是成功的心理辅导，这就是把心理辅导的理念和方法运用到常态的教育教学情景中去了，非常好！"这个个案，让我看到了心理辅导的神奇效果，增强了在教育教学中开展心理辅导的信心。我知道针对张华平这样的学生要循循善诱，不能操之过急。看到他一点点小小的进步，我的内心都非常开心，也有一点小小的成就感。同时我也真正感受到了心理健康辅导的重要性，有时真的能够改变一个孩子，甚至影响其一生。我认为开展心理健康教育，不仅仅是一两个老师的事，它需要全体老师的重视和参与。也许不会有多大的成就，但正如杨教授所说的，拯救一个孩子，就等于拯救了一个家庭，你就是功德无量！

第二节　我和"当当"的故事

陈悦

编者按：2019 年 5 月 4 日，湖南澧县澧阳中学陈悦老师，在留守儿童心理援助研讨班上，对"陪伴式"心理辅导个案深入思考、不断总结。她分享自己陪伴"丁丁""当当""向向"三个孩子成长的动人故事，像是发现了"新大陆"，引起与会代表强烈反响，认为这是心理咨询、心理辅导"生活化"的另类表达，具有创造性，得到广泛认同，纷纷表示效法。这里发表其中的一个故事，以飨读者。

当当是个男孩，七年级的时候便是我的学生，他是以班上第五名的成绩来到我班上的，因为这个，我对他格外多了一分关注。没办法，老师职业天性使然，还有一个更重要的原因，我需要在班上物色班干部和学习课代表。

当时，他坐在靠教室外走廊的窗户边，蘑菇头，瓜子脸，五官比较立体清秀，个儿不高，单薄但显得轻捷灵活。

但慢慢地，我感觉到他的异样，上课时，他总是蜷缩着身子坐在座位上，显得萎靡而散漫，他的脸老是藏在一堆高高叠起的书后面，好像在躲着什么。

喊他回答问题时，我发现他的眼睛涣散无神……我不甘心一个班上前五名的学生是这样一种状态，于是我努力寻找着他作为尖子生的蛛丝马迹，我检查他的作业，喊他起来回答问题，安排他为班上做一些事情，但他的表现并没有如我所愿。期中考试到了，他的成绩竟然还是排在了前面，而且我发现他的英语和数学还非常强劲，于是我想是不是这孩子天性使然。但我对他的关注一刻也不敢松懈，想到他的表现，我总有不安感。

下半学期，因为迎元旦汇演，他加入了我们班的节目排练，他还一直是学校体训队的，其间没什么大的变化，只是一直觉得他有些吊儿郎当的，期末考试他退步到了班上的第十一名，不过英语、数学成绩还是比较坚挺。

七年级第二学期，他妈因为他学习成绩下降，要求他从校体训队退了出来。他跟我班几个男同学一下课就到处串班，从楼上窜到楼下，不是到学校商店买东西，就是到学校操场旁边舍近求远上厕所，有时铃声响过才匆匆忙忙跑进教室；经常拖欠家庭作业，每天布置的背记任务总是难以完成，难以想象的是，他居然把自己的英语背记任务标准降低到了班上几个后进生的水准；课堂纪律记录本上，每天都有他的大名，不是讲话，制造混乱，就是传纸条，甚至画小动物玩游戏……反正每天都得弄出点动静来。第一个月，年级组织月考，他的数学居然没及格。我急忙喊来他妈，才知道，他爸妈一直在外面打工，现在才回来。而今租了个门面在做烧烤，晚上七时出去，凌晨四时才回家，家里没人，他回家后，每天玩到自然睡。他妈还说，他小学成绩还好，只是小学老师总说他是个多动症。我于是专门把他喊到办公室，说他是个聪明孩子，告诉他本学期的数学新知识还学得不多，凭着他的智商和基础完全可以把数学补上来，并表示我愿意陪伴他一起努力。我叫他把以前做过的题目每天做一面交到我手里，以便对自己有一个约束，他答应了，但坚持了没几天又放弃了。经常丢三落四，每次老师在教室交代完事情后，其他同学都听清楚了，只有他和一个姓周的同学表示没听见，又会再问一遍。他的学习习惯越来越糟糕，宁肯受罚也表示没法完成学习任务，成绩每况愈下，期中考试到了班上第二十几名，因为我的一直关注、鼓励、监督，期终考试他的数学成绩终于及格了。

缘分使然，八年级他又分到了我的班上。开学没几天，他和几个同学就闹出了一场抽烟风波，还离家出走了几天，我再一次叫来他的父母，强烈要求他们一定要想办法派一个人专门晚上陪伴他。我向孩子诚恳地表达了不能因晚上无人陪伴就变得自由散漫。后来又有同学状告他找七年级的一个女孩谈恋爱，我便把他喊到一个僻静的地方，他一开始不敢承认，当我告诉他这个年龄心里有喜欢的女孩子很正常的时候，他便点头认可了。我开玩笑着问他是怎么追那个女孩子的，是不是每天搞个自认为酷酷的样子，在她的教室外走来走去，或者假装在她的班上找她的熟人聊天，故意当着她的面显摆他幽默风趣的口才，他羞涩地表示认可。我告诉他，我像他这么大的时候，也喜欢一个男孩，原因是那个男孩的数学经常打满分，而且文明、有礼貌、有教养。他大胆地问我怎么追求那个男孩的，我说我不敢让那个男孩知道，我只是拼命地学习，努力在各方面让自己优秀，而且我的数学就是在那个时候好起来的。他问我后来怎么样了，我说后来我的注意力就不在那男孩儿身上了。我告诉他青春萌动是大部分孩子都会经历的情感历程，但爱情是一份承诺，一份沉甸甸的责任，需要一个人一辈子的努力和付出，需要一个人有承担这份爱情的本事和能力。

当我问他心里到底有什么烦恼的事儿的时候，他居然猛烈地抽泣起来，痛哭流涕地告诉我说，他每天在教室里就像坐牢一样，觉得全身被什么东西捆绑着，一点都不爽，日子过得很煎熬。当时我感受到了孩子的难受和无奈，于是我对他说："我能感受得到你力气没地方使的那份痛苦煎熬，以后呀，如果你坐在教室太难受了，你就举手，告诉老师要上厕所了。"我安排他跟张同学一起加入学校志愿者，维持学校秩序，监督全校学生的日常行为。只要学校有什么体育训练，我都会鼓励他去参加。前段时间，他要求参加学校运动队，我欣然答应了，并说服了他的爸爸妈妈。我还建议他，可以根据自己的能力极限，给自己规定每天的课堂知识背记任务，写成文字，贴在自己的座位上，并和各科代表沟通好，以便让他找到一种成就感。只要他有一点点进步的地方，我都会在班上表扬他一番。

因为他作文写得比较好，我便特意当着全班的同学的面安排他给同学写鉴定。没想到，第二天早自习，这孩子就着实让我吃了一惊，因为我刚一走进教室，他就兴高采烈地第一个把他写得整整齐齐的学生鉴定交到了讲台上。而且后来我发现，所有学生写的鉴定当中，他写得最用心、最认真，也最有水平。他居然能把每个孩子的个性特点都了解得那么清楚，表达得那么准确。更让我欣慰的是，我从鉴定中看到了他那颗阳光善良的心，因为他用亲切平和的口气，如话家常一般娓娓道出了每个同学的好多闪光点。因为这件事我在班上使劲儿地表扬了他一番。每次作文评讲，我会第一个念他的名字，评讲他的文章，他的文章写得越来越认真，越来越好。每次运动会，班上接力赛的人员安排和组织部署，我都会故意甩手由着他大胆去做，他也因此做得很积极很认真。在各科老师面前我竭尽全力具体描述他的闪光点，树立他的美好形象，让他们之间能建立一种互相信任的师生关系，以减少他对老师、对学校教育的逆反情绪。

上周期中考试后，我在清理班上语文试卷时，有一张试卷让我眼前一亮，整张答卷，字迹工整，卷面整洁。问题回答完整，语言简洁流畅，一看就是那种在课堂上把老师每一句话牢牢听了进去，又努力思考，并创造性理解了的孩子的答卷，作文整整齐齐地写了满满一页还有余。当我翻看名字时，我真是大吃了一惊，我万万没想到，那样的答卷居然出自当当的手笔。这与他平时一贯马虎的字迹形成强烈反差。我又忍不住在班上夸奖了他一番。后来我才知道，他是为了答谢我才想认真地改变自己，我顿时觉得，他是个讲义气、知恩图报的孩子。我当即表示希望他对每一科都保持这么好的心态。他诚恳地点了点头，然后抬起头看了我一眼，在那一瞬间，我欣喜地看见了他的眼睛里从来不曾有过的神采。

我很欣慰，看来这孩子真的变了……

第三节 从"绝望"到"意气风发"

陈玲华

编者按：湖南石门县的陈玲华老师，先后担任多所学校心理健康教育专职教师，与笔者常有交流探讨，其后自主研修，深谙"陪伴式"个别心理辅导的科学性、实效性并浸润其中，担纲澧县留守儿童心理辅导员培训主讲教师，主题是《例谈教师个别心理辅导》。这篇规避了伦理风险的文章，能让我们看到"陪伴式"个别心理辅导的动人情景、良好效果。

在森林中，你迷了路，不知该去向何方，我也不知道你该怎样走，但我可以陪你一段路。"陪伴"在某些时刻通常是无声的教育和帮助，它要比言语来得更为深刻有效，真正的陪伴，是一种强大的精神力量。

那一天早上，我早早地来到办公室，刚坐下准备备课，门外传来了女孩的哭声，一位妈妈牵着哭泣的女儿站在了我的办公室门口，一场没有预约的心理咨询就这样开始了。

原来女孩是高二理科班学生向某，这个学期刚分到理科班才一个多月，新到一个班级，班主任老师换成一位年轻的男老师，同学之间很少交流往来，再也感受不到原来高一班上同学之间那种团结友爱、和谐融洽的气氛。最让她意想不到的是班上有一名女生杨某，不知为什么总是和她过不去，有意无意喜欢找她的茬儿，还在班上拉帮结派，煽动其他同学不和她来往。短短的一个多月，发生了很多奇怪的事情，趁向某不在时放在座位上的书本会莫名地掉到地上遭到踩踏，作业本无缘无故就会被撕掉几页，坐凳上会被人涂上胶水，等等，后来班主任在班上追查此事，查出就是那个喜欢找她茬儿的女同学杨某指使别人做的，老师也批评教育了杨某。杨某没有因为老师的教育而收敛，而是变本加厉地对向某使阴招。有一天两人发生了争执，并打了起来，杨某的脸被向某抓伤，后来，班主任出面调解了。可是，从那以后，向某发现班上大部分同学都在有意疏远她，孤立她，她感觉连班主任老师也好像不怎么待见她，问老师题目时，老师再也没以前那么热心了，她感觉特别委屈、孤独、难受。

有一天，杨某找人传话，说只要向某同意两人一对一打一架，以前的一切恩怨一笔勾销，并保证以后再不会找她麻烦，为了息事宁人，向某答应了，于是两人在厕所里，在同学的围观下打了起来。后来这件事被老师知道了，闹到了学校德育处，德育处的老师通知双方父母和班主任一起进行了调解。后来的一段时间里，向某感觉虽然没有像以前一样被人故意找茬儿了，但是班上的很多同学都冷落她，排挤她，她在班上一个朋友也没有，都是独来独往，她很苦恼，也感觉很没面子。她找到自己原来班上的几个朋友，希望他们和她一起去找一下杨某，不打架吵架，只是去为她仗仗势，让曾经欺负她的同学明白她也是有朋友的，不是随便好欺负的。朋友们了解情况以后，都觉得这样做不好，弄不好会被老师以为是聚众斗殴，那是要受处分甚至有退学风险的，那样事情会越闹越复杂，于是就没有答应她的请求。向某感觉很失望，认为以前那么好的朋友，在关键时刻都没有一个愿意帮助自己。想想自己现在的处境，再想想不愿意伸出援助之手拉自己一把的所谓的好朋友，向某彻底绝望了，回到家一直哭，说活着没有意思，一切都是假的，感到很绝望，要跳楼自杀，父母怎么劝说都无效。父母急得六神无主，没有办法，只好大清早就拉着向某来学校心理咨询室。

我静静地陪在她身边，认真倾听，她哭着述说完事情的经过。我递给她一杯热茶，她的情绪慢慢地平静下来，我们用心地交流，我对她耐心疏导，孩子渐渐明白了，事情已经过去了，而且学校德育处已经做好了调解，没有必要再纠结此事，那样只会让自己更焦虑更难受。同时也理解了朋友们不愿意出面参与这件事，并不是代表他们不愿意帮她，而是出于好意，是替她着想。也懂得了，生命是父母给的，是珍贵的，不能轻言放弃，并亲口答应了老师，不再纠结此事，为了父母也为了她自己会好好活着，好好学习。我对她说："心理咨询室的大门随时为你敞开，有需要随时可以来找老师，你放心，老师会永远陪伴着你成长！"她很感动，再次落泪，连说："谢谢老师。"孩子妈妈悬着的一颗心终于放下了，脸上露出了开心的笑容。

两周以后，学校举行秋季田径运动会，当时我是在做记时裁判，孩子在比赛场地找到我，看我在忙，就默默地陪坐在我的身边，等我空闲时就和我聊天。她说："老师你知道吗，我很感激你，你说的话给了我勇气和力量，每当想到你说的话时，我就感觉很温暖、很幸福，感觉对自己充满信心。老师，谢谢您！谢谢您愿意用心地陪伴我成长。以前我想过转校，现在我也不想转校了，我要在您的陪伴下读完高中，考上理想的大学。"

后来，她转到了本校的文科班，换了一个新环境，她感觉非常好，和同学能和睦相处，班主任老师很关心她，她学习也很用功，成绩进步很大。每隔1~2周，她都会抽出一点时间来心理咨询室，和我谈谈最近让她开心和不开心的事，谈她的理想。她学习状态越来越好，进步越来越大。她感觉自己信心满满，意气风发。

看到她的转变，我很欣慰，也很感动。孩子的纯真、坚定、自信感染了我。人生在很多关键时刻，有人在你身边陪伴，就能给你一股力量，在不知不觉中影响你。陪伴，哪怕静默着，都有一股力量，无形无影，却让人内心笃定。终其一生，陪伴起着重要的作用，看似无言，实则力量巨大，可以让内心安稳。这种陪伴的力量也是双向的，它不仅是我们给其他人的支持和帮助，也同样改变着我们自己，向着更好的方向。

第四节　好孩子还是坏孩子

编者按：孩子的心理行为问题是由很多因素导致的，解决心理行为问题也是一项系统工程。下面的案例故事具有一定的代表性，用手记的形式将咨询过程和当事人的感受展现出来，目的是想"交流"与"唤醒"，以便惠及更多的孩子及其家庭，相信读者能充分理解。出于职业伦理道德的需要，对咨询手记中所涉及的事件做了模糊性处理，场地、人名都是用的化名，场景也做了置换。

一、"这孩子问题严重，我当父亲的真是没办法！"

我在 A 和 B 两所学校兼职做心理健康教育工作。那一天，我按时去 A 学校心理咨询室上班。上午第三节有课，我一边候课，一边整理资料。分管教育教学工作的黄副校长突然打来了电话："有一个学生出了一点问题……"听得出他有点急，我说："马上来！"当我赶到副校长室的时候，等待我的还有家长汤先生。黄校长简单介绍了汤先生的孩子汤杰（化名）昨天逃学出走的情况。汤先生一脸愁云，向我诉说他的苦衷："这孩子问题严重，我当父亲的真是没办法！"我静静地倾听汤先生的诉说：

我儿子从小学毕业就开始上网玩游戏和聊天，初一渐渐严重，从初中一年级下学期到现在（二年级上学期），可以说是上网严重成瘾：每周星期五回家，从当天晚上开始，到星期天上晚自习前，从早晨起床，到第二天凌晨 1 点，所有时间都在上网。

家里哪个人的话他都不愿意听，对我这个父亲更是抗拒。我和他套近乎，他高兴就理我一下，不高兴就装作没听到。我和他一直交流很少，以前我在天津做事，近一年才落屋（归家）。我回来后，因为他寄宿在学校，我们平时交流得也少。

他的生活习惯特别差。穿衣吃饭没有规矩，衣服在哪里脱的就往哪里甩，袜子是每天穿一双甩一双，一天一双新的。每天他洗了脚或洗了澡，换下来的衣物从不放到固定的地方，随手放在地上，要他的爷爷奶奶到地上去捡。

他说自己有洁癖症。每天洗澡要洗 40 分钟，不喊就不出来，喊了还很不高兴，说我们啰嗦。

这孩子从小是他的爷爷奶奶带的，我和我爱人一直在天津做事，我回家了，爱人又到 100 千米远的一个城市做生意去了，很少回家，回家也只是看看而已。他的爷爷奶奶对他特别娇惯，衣来伸手，饭来张口，到现在为止，在家吃饭都是奶奶盛，喝茶都是他奶奶倒，吃香蕉时奶奶先给他把皮剥好……我们不能讲，一讲爷爷奶奶还生气，他们说："我把你的儿子带好了，难道还有错……"我们只好不做声。他妈妈又护短，我有一次看他那样沉迷于上网，就把他房间的电脑搬走了，他一进门没有看到电脑就闹，马上给他妈打电话哭，他妈马上说："好，我回来，电脑马上给你。"我知道我一个人努力是没有办法的！

汤先生正说着，他妻子打来电话，说放下生意马上赶回来，直接到学校来，他大声对妻子说："好，你快点回来，孩子的问题是很严重了，我们要想办法，我正在学校和心理老师交流……"

在汤先生诉说的过程中，黄校长也不时插话："一旦网络成瘾，就不在乎亲情、友情……"

作为一名职业心理咨询师，笔者最想见到的是汤杰这孩子，他真的是一个非常坏的孩子吗？我能尽快地给予他帮助吗？

二、"我好痛苦，我是一个双面人……"

正当我这样想的时候，汤杰班主任李老师打来了电话："杨老师，您好！我在心理辅导中心的门口等您，我班一名学生，想请您给他辅导……"班主任是一位优秀的年轻女性，今年刚被选调到 A 学校成为骨干教师。她流利动听的普通话中带有急促感，可见她内心的焦急与期待！

我很快赶过去，在心理辅导室里，汤杰坐在条形沙发上，背往前弓着，头低低地埋着，我看不到他的脸，更看不到他的表情。

"感谢你对我的信任。"我对他这样说，但他不吱声。

"你有什么想法，有什么烦恼，可以和杨老师交流，这里是很安全的……"

仍然没有反应，但稍后，他开始有点激动，泪流满面："我不行了，我成了双面人，白天是一个我，晚上是一个我；有两个声音叫我，好像是一个叫我读书，一个叫我逃学；我有时胆子好大，有时胆子好小……我害怕，我恐惧，有时是莫名其妙的，以前还有妈妈喜欢我，现在她也不喜欢我了，上次我的生日讲好了来陪我过的，她搞生意，到晚上 10 点才回来，还过什么生日；我身体也不行了，都开始有白头发……我真的真的不行了……"

他的表情很痛苦，话语显得断断续续，身子还有点发抖。我的陪伴让他开始平静，开始告诉我他出走的故事：

昨天早餐后，我非常烦闷，不想在学校里待了，穿过学校正在施工的一个出口，漫无目的地往外走，先往东走到一片荒芜的坟地，怪事，我居然不害怕，后来到了城里，在一个公园里遇到一个 30 多岁的人，我告诉他我是逃学出来的。他不是人贩子，和我聊了 3 个多小时，他讲自己小时候读书的故事，到了晚上，他要我跟他到了旅社，和他在一个房间睡，一人一床。今天早上，他对我说，"你要回学校学习"，我就回来了……

看着汤杰求助的眼神，我感受到了他对我的信任——良好的咨询关系开始建立。我试图从意识层面引导他对计算机的认知，当我刚说出计算机主要是学习工具和劳动工具，而不是用来玩游戏和聊天的时候，他的表情十分痛苦，说"没有电脑我就只有死……"在这样的情况下，我没有做更多的摄入性谈话，直觉告诉我，网络成瘾是他的心理问题的表征，我决定快刀斩乱麻，直接通过催眠技术来干预他的网络成瘾，调整他对计算机的认知，刷洗他内心的负面情绪，减轻他的痛苦。由于他对我的信任，渐进式的引导很快让他进入深度的催眠状态。在催眠状态和他进行交流，他认识到了网络成瘾的三大危害：一是产生游戏脑，影响发育；二是产生躯体症状；三是出现心理行为问题。在此基础上，我继续用积极的暗示语对他的网络成瘾进行干预。

当他被唤醒以后，神情发生了很大的变化，露出笑脸，看着我递给他的名片，他在"服务项目"中将"网络成瘾""人格障碍""强迫症状""抑郁偏执"底下都画了横线，说自己在这些方面有问题，在上面打了勾的就是解决了的，我接过名片一看，发现他在"网络成瘾"和"抑郁偏执"上面打了勾。随后对他进行了循序渐进戒除网瘾方式、方法的指导，并约定明天中午做第二次催眠咨询。

看到他在名片上打的勾，我的心头掠过一丝喜悦，但很快就被沉重所替代。冰冻三尺，非一日之寒。我知道问题的真正解决有一个艰难的过程。催眠结束后，汤杰因为负面情绪减少而高兴，但很快，他的脸上又浮现出了忧虑，说"假如出现反复怎么办？""有点反复是正常的，我陪伴着你！"我的语气很坚定。

三、"犯了这样大的错误，我很想要他跪着，打他一顿狠的……"

咨询结束后，班主任接走了汤杰。

我的心开始收紧：一是感到作为一名职业心理咨询师，有责任竭尽全力与来访者互动，唤起他们心中"一个强大的自我"；二是深感这种唤起不是简单的技术问题，也不是我一个人与孩子们的互动所能完全左右，而是需要文化的力量！对汤杰来讲，引起他网络成瘾和其他心理问题的原因很多，主要是家庭教养的方式、祖母的过分溺爱、父母（迫于生计）和孩子很少沟通、家庭教养意见的不一致、本人内部动力系统（学习目标体系）的缺乏，以及学校教育方法的滞后，等等。怎样优化他赖以生存的文化环境，是我思考的重点！

汤先生打来电话，说孩子的母亲到了学校。我在副校长室见到了汤杰的母亲秦女士，汤杰先我来一步，也在副校长室。我感到不便交流，于是汤先生说带儿子去外面走走。

随后，我和汤杰的母亲开始交流。我告诉她，您儿子严重的自我中心与家庭的长期溺爱有关，他的网络成瘾也与家庭爱的沟通缺乏有关，特别指出了家庭需要配合，给孩子心理支持，如父母的亲情关怀、沟通交流、防止事事包揽等，总而言之，对待孩子，要尊重、理解、引导、严格要求。

秦女士一直很少做声，但当听到"严格要求"时，说话声音高了："是啊，昨天他出走，犯了这样大的错误，我很想要他跪着，打他一顿狠的……"我知道孩子曾经"享受"过这样的待遇，于是我说："您以前这样对待的效果好吗？平时溺爱放纵，出了问题就打骂，合适吗？'严格要求'是不是等于打骂？他自己能主动回到学校来已经很不错了，我们要抓住这个教育的契机！"汤杰的母亲表面上应付着我，当我说到汤杰出走的过程时，她愤怒的话语让我吃惊："我恨不得要他跪下，看他到底是不是在撒谎！"我几乎是忍耐着说了以下的话："作为一个母亲，您想过没有，这样天寒地冻的天气，您的孩子 30 小时没有吃喝，不是好心人帮助，该是一个什么样的情景！这才是一个母亲应该首先关注的啊！"秦女士默默无语，心情沉重。

汤杰的情绪已经出现反复。我和他母亲的交流还没有结束，汤杰和他爸回到了副校长室，班主任也来了。他爸告诉我们，刚才他又烦躁了一阵，原因是要他就昨天出走这件事，对他妈说声"对不起"，他一听就烦躁、激动起来……汤杰怀中抱着书，我才知道学校还是要他的家长接他回去。啊，我根本没有想到会是这样！昨天是他自己出走，今天是学校请他走出！

汤杰的父母曾在电话中对班主任说："我的孩子是交给学校的，交给你班主任的，我就找你要！"为什么要学校和班主任为这孩子的出走担负全部责任？这不公平！我非常理解学校和班主任的无奈之举！望着站在我右边的汤杰，他像接受了审判似的，情绪不太稳定，看得出，他不情愿回家。我十分心疼这孩子，也极想他留在学校，引导他开始新的生活，但我知道，此时此刻的我是多么的渺小！我只能违心地对他说："回去反省一下也是必要的，啊——"他似乎"嗯"了一下，并微微地点了下头。"明天第五节课的时候到心理辅导中心交流好吗？我会等着你！帮你，陪伴你！你要有信心！"这话是说给汤杰听的，更是说给学校领导与班主任听的，言下之意是"请他回家"最多只能发生在今天下午和明天上午这段时间。

汤杰抬了一下头，小声说"好"。我想起了他父亲说过的话，"这孩子就是说得到做不到"。他能真的按照咨询时引导的方式去对付网瘾吗？明天还会来心理辅导中心吗？我心中有点忐忑！

四、"我现在有信心做好自己，请相信我！"

第二天，天气很好。我早早地到了学校，等待着汤杰的消息，我希望他上午就能来学校。随后，我接到了秦女士打来的电话。她告诉我，汤杰昨天下午没有上网，母子沟通得很好，还一起去逛了逛，晚上也没有上网玩游戏和聊天，表现很好。还说汤杰感到在家没有意思，想提前到学校来咨询。我很高兴，当即答应让他马上来，我正在心理辅导中心迎候。

秦女士陪他一起来的。汤杰跨进心理辅导中心的那一刻，我看到了他昂头挺胸的样子，表情平静而又自信，很有礼貌地与我打招呼："杨老师好！"

汤杰讲述了他昨天回去后是怎样完成我布置的"家庭作业"——和

网瘾进行斗争的，交流了自己内心的感受，并告诉我："我现在有信心做好自己，请相信我！"

"汤杰，我一开始就非常相信你，我知道你今天肯定会提前来的，看到你我好高兴！"

"在 48 小时内连续做两次催眠咨询效果是最好的，我完全有信心帮助你做得更好！"他听了我的话，眼神中满是兴奋。这次的催眠更加顺利，他很快进入了深度的催眠状态。我除了对他进行网瘾干预以外，还用"光照法"帮助他赶走心中的郁闷、烦恼、担心和害怕，以及那些不舒服的感觉。

当他在"美丽的草原"情景中被唤醒以后，显得精神焕发。于是我趁热打铁，在生活自理、与父母沟通，以及生活目标（长期目标、中期目标和短期目标）的建立等方面和他进行了交流，达成共识，特别给他布置了"生活自理"等方面的"行为家庭作业"。期末考试在即，很快就要放寒假了，我们约定放假前不再面对面的咨询，下学期开学后再继续进行交流。我提醒他记住我的手机号码，在完成"家庭作业"的期间，如果遇到了硬是迈不过去的坎，拨打我的手机，我会给他提供心理支持。

尾声

当天下午，汤杰的父母心怀感激，邀请我去酒店吃晚饭，我以"心理咨询师和来访者必须保持职业关系，才利于巩固咨询效果"婉言谢绝。第二天，相关人员告诉我，秦女士对孩子的出走还是耿耿于怀，说"我还是想打他一顿，他犯了这样大的错误，不打他我硬是不甘心"，但口气已经不那么强硬，只是逞逞口舌而已，不会付诸行动。我开怀大笑，看来对家长进行亲子教育的引导可以说是任重而道远！这汤杰呢，这天下午就开始了新的学习生活。后来，在校园里我多次看到他快乐的身影，有几次他和同学跑步，突然发现我在旁边行走，都会礼貌地打招呼，我也挥手回应。此时，我的心中既有丝丝甜蜜和美好的祝愿，也深知这孩子用好的行为习惯完全取代不良的行为习惯，需要决心和毅力，是一个相当艰难曲折的过程！

第五节　认知领悟，顺应自然——强迫症咨询案例

1. 案例背景资料

（1）个人基本情况

冬冬（化名），男，17岁，汉族，出生于某县，高中一年级学生。

冬冬小时候多半住在外婆家，缺乏父母的陪伴，从小不爱活动。小学时一直跟随父母在他们工作的学校读书，得到老师和同学的格外关照，这时性格就有一点内向，但不明显。小学毕业后的那个暑假，时刻担心适应不了新环境，丢了次钱的事情在心里总是念念不忘。进初中后果然感到不适应，更加不愿与人交往，没有朋友，不爱说话，内心比较自卑。后来情况越发糟糕，从初三起开始反复摆弄物品，反复洗手，反复折叠衣物，越想摆脱就越摆不脱，担心被别人注视，对别人的言行十分敏感，内心烦躁，十分痛苦，成绩因此不断下降。上高中后情况更是严重，他被当地医院心理科诊断为强迫症，医生建议以舍曲林等药物结合心理咨询来治疗，冬冬有主动求助咨询的愿望，故按医师建议前来心理咨询。

（2）家庭情况及成长经历

父母均为教师；住县城；家族无精神病及遗传病史；家庭经济条件良好；父亲的教养方式较为专制，亲子关系较差。

①婴幼儿期：出生后一切正常，活泼可爱，1岁左右会说话、走路。1岁后断完奶就长期住在乡下的外婆家，从不认生，父母亲去了表现并

不是特别亲热，父母亲走了也不"赶脚"。胆子比较小，但能和其他小朋友正常玩耍。3 岁时，父亲看见他和几个小孩玩得正欢，满身是泥，打了他几下，他立即停止玩耍，大哭，从此害怕父亲。

②童年期：整个小学阶段表现出性格内向、腼腆、性情急躁、缺乏耐性、成绩中上等。小学 6 年时间里随父母读了 4 所学校。父母经常争吵，父亲从不主动亲近他，教育方法简单粗暴，动不动就斥责。

③少年期：某年 9 月进入初中，脱离父母的学校，受到的关注大幅减少。一入初中，老想着当年暑假丢掉零花钱的事。过一段时间又喊害怕。有时抓住母亲的手说："我心里怪不舒服，妈妈，俺两个人睡，我怕……"读了两个初二，看到原来班上的同学很难为情。初中三年级上学期频繁出现重复动作后，父亲认为孩子是故意不听话，经常训斥辱骂。

④个人成长史中的重大转折事件：3 岁时被父亲打后，开始害怕父亲，而后从没肆无忌惮地玩过。家庭氛围的不和谐，致使他的性格更加内向，出现反复行为后，父亲不予理解反而训斥、辱骂，无形中加重了心理困扰。

2. 评估与分析

（1）评估

①求助者自诉和父母陈述

精神状态：上课注意力不集中，烦躁不安，不敢正视他人，或尽量避开别人的视线，情绪较低落。

身体状态：有躯体不适感，主要是头痛、肚子痛，但体检报告正常。

社会功能：孤僻，少语，没有什么朋友；想与人交往，但缺乏主动交往的勇气。

②诊断

从表观现象看，求助者有强迫观念和仪式性的强迫行为，能意识到异常，能体验到强迫观念和强迫行为来源于自我，而且违反了他的意志，试图竭力抵抗和排斥，但无法控制，因而感到十分痛苦，有焦虑情绪、对父母有敌对思想、自卑感强烈、社会功能严重受损。

采用 SCL-90 症状自评量表测验，其结果如下：躯体化（1.92）、强迫（4.40）、人际关系敏感（4.67）、抑郁（4.23）、焦虑（3.90）、敌对（4.00）、恐惧（3.43）、偏执（4.17）、精神病性（3.30）；求助者无幻觉、妄想状态，有自知力，初步排除重型精神病状态。用 SCL-90 症状自评量表测出其强迫、人际敏感、抑郁、敌对、偏执性等项均分别≥4.00。经精神科专家诊断为强迫症，进行药物治疗，建议配合心理咨询。

（2）分析

①生物学原因。求助者无重大躯体疾病史，身体状况与强迫症无直接联系，但本咨询师认为，求助者的高级神经活动类型是弱型，属于典型的抑郁型的气质类型，容易在一定的条件刺激下形成内向、过于敏感、偏执的性格特征，因而成为致病因素。

②社会学原因。3 岁时，因与小朋友玩弄得满身是泥被父亲打骂，以及父母长期争吵，尤其是父亲的暴躁、专制成为求助者日后产生强迫症的重要致病源。进入初中时，小学时拥有的教师子女优越感的失去与初中学习生活的压力形成反差，是致病的直接原因。

③认知原因。家庭人际氛围的长期紧张，与父母缺少沟通，给求助者造成强大的心理压力，而求助者内心的郁闷长期无法宣泄也是致病因素。

3. 咨询目标与咨询方案

（1）咨询目标

①近期目标：帮助求助者减轻人际关系敏感、抑郁、偏执等阳性症状；改变父亲的暴躁专制。

②终极目标：帮助求助者完善自己的人格，恢复社会功能；建立和

谐的亲子关系。

（2）咨询方案

①综合运用认知领悟疗法和森田疗法。让求助者正确认识从幼儿时期以来的精神创伤引起的恐惧体验，以及教师子女优越感失去引起的"强迫回忆"，从而"顺其自然地接受自己的情绪，以应当做的事为目的去行动"。

②家庭系统支持。让家长认识到暴躁、专制对孩子的负面影响，孩子有问题，根源在家长、家庭。

③与求助者及家长商定 7 次咨询计划，从每周一次到半个月一次，最后一个月一次，循序渐进地推进，每次时间为 50～60 分钟。

4. 咨询过程

整个咨询过程历时 4 个月，分为三个阶段：

第一阶段是心理评估阶段，一共两次，每周一次。主要是建立咨询关系，收集相关信息，进行心理评估，确定咨询目标和制定咨询方案，等等。第一次是求助者在母亲的陪同下前来咨询。咨询师的无条件尊重、完全的接纳及耐心的倾听，使求助者尽情地宣泄压抑的情绪，体验到长期以来从未获得的轻松感。第二次咨询以精神科专家诊断及测验的结果为"前提"，结合谈话所得的信息，初步从生理、社会和心理三个方面探索出了病因。此时求助者对治愈开始抱有信心。

第二阶段是心理帮助阶段，每半个月一次，共 4 次，这个阶段对孩子及家长同步进行帮助。第一、二次侧重采用认知领悟方法。让求助者领悟到幼儿期的一次精神创伤引起的恐惧体验，虽然因为潜抑心理而被遗忘，但并没有完全消失，造成了敌对、恐惧、抑郁等情绪，加上进入初中后教师子女优越感的失去，内心的"执念"导致强迫观念和强迫行为的形成。因担心自己异常，便产生了过度的人际关系敏感症状。由于长期没有得到情绪方面的释放，以致形成恶性循环。求助者每次咨询后需写出自己的体会。第三、四次侧重采用森田心理咨询方法，听森田自我摆脱强迫症的故事，指出很多人都或多或少有点强迫症状，所以，不必对自己的强迫症状关注、担心、害怕，越关注将越严重，形成恶性循环。一方面要接受症状，持"有，就让它有去"的态度。另一方面是要"为所当为"，带着症状从事正常的学习活动，努力做应做的事，任凭症状起伏，也要把注意力集中在行动上，这样强迫症状会逐步减少。每次会谈后求助者写心得体会，逐步建立起从症状中解脱出来的信心。

通过心理帮助，求助者强迫观念仍然存在，但强迫行为有所减少。在第4次咨询过程中，经 SCL-90 自评量表测试，求助者心理状态大有改善，其结果如下：躯体化（1.25）、强迫（3.10）、人际关系敏感（2.50）、抑郁（2.40）、焦虑（2.50）、敌对（2.00）、恐惧（1.70）、偏执（2.66）、精神病性（1.90）、其他（1.85）。

第三个阶段是心理强化训练，每个月一次，共两次。这一阶段主要采用森田疗法进行心理强化，让求助者进一步"顺应自然"，承认强迫症状并意识到强迫症状的顽固性，很难根除，切记不要在意"时间过了这么久为什么还不消失"，否则就会造成负面强化。每次会谈都强调求助者主动与同学交往，主动参与活动，主动与家长沟通。求助者均接受了咨询师的建议，表示完全接受，将长期坚持"顺应自然""接受症状""忍受痛苦""当有所为"，从而初步形成了自我善待、自我调节、自我教育的心态。

5. 讨论与总结

（1）咨询效果

①3 个月以后复访，经过 SCL-90 自评量表测试，除抑郁（2.26）、人际关系敏感（2.30）和强迫症状（2.80）还存在阳性症状以外，求助者其他方面的状况均恢复正常。

②虽然搬弄物品的强迫观念依然存在，但搬弄物品的强迫行为基本消失，能正常地学习、生活。

③求助者建立了长期进行"自我教育"的理念，即不在意"强迫症

状"，对学习、生活充满了自信心。

（2）几点启示

①良好"心理场"的建立极其重要。从本案例看，我除了对求助者本人提供咨询帮助外，更注重帮助求助者父母改善教育态度。因此，个人认为，对有些学生心理问题的咨询，应当考虑是否把家长或其他相关的人纳入心理学指导范畴，以优化求助者的心理发育环境。

②维护教师的心理健康十分必要。尤其是帮助他们掌握心理卫生方面的知识技能极其重要，否则，将可能影响学生的心理发展。

（3）心理咨询科普教育亟待加强。从本案例看，如果父母和学生有及时求助的意识，也许可以避免产生心理问题，或不至于发展到如此严重的地步。

（4）对强迫症等心理障碍的干预，精神科专家的药物治疗辅以心理咨询、心理疏导，是最佳选择。

第六节 "陪伴式"个别心理辅导案例与评析

熊君 陈新桂

编者按：这是一个非常成功的个别心理辅导案例，"核心技术"就是"陪伴"。"陪伴性"的活动具有心理辅导功能，"陪伴性"具有三种"范式"，所以将其称为"陪伴式"个别心理辅导。"陪伴式"个别心理辅导是所有具有仁爱之心的教师都能做到，都能做好的。湖南省南县立达中学班主任英语教师熊君写出成功"陪伴"特殊留守儿童"小强"的完整故事，原汁原味；中华儿慈会留守儿童心理援助项目组成员、研究"陪伴式"个别心理辅导的专家陈新桂沿着故事的叙述，从心理咨询学的角度将其分节予以"标示"，不加任何修饰，极为特别、极为本真、极为精妙，并对熊君老师的"陪伴方法"进行了由表及里的精彩评析，让读者看到"陪伴式"个别心理辅导操作方法之"本土"、实际效果之神奇。两位老师的"天合之作"，不仅在南县中小学心理健康教育专业能力竞赛活动中荣获一等奖（2021年12月），更重要的是，为学校教师"当好学生的心理保健医"做出了示范，对当前中小学教师投身心理健康教育能起到榜样作用。

1. 案例故事（熊君）

（1）辅导对象现实状况

这个案例的主角是我现在所负责班级的一位学生小强，现在我们班已进入九年级。早在七年级刚建班时，我就注意到了他，他个子小巧，皮肤偏黑，上课时时常玩手指甲，若有所失，听课不用心，有时也会讲粗话，吃槟榔，学习成绩不佳，这些都让我对他的教育、成长比较担忧。

（2）辅导对象家庭情况

我不想一开始就总是批评他，这样不利于我们建立良好的师生关系，就及时和他父亲取得了联系，他父亲很坦诚地和我交流了他家的情况，在他二、三年级时父母离异，离婚前，他跪在地上哭求父母不要离婚，离婚后，他每天站在窗前，一站就是半天，苦等他离家的妈妈回来，他妈妈打电话来，他只说一句话："你快回来，你不回来，我永世不接你的电话。"所以到七年级时，他已经有三年多没见过他的妈妈了，他爸爸说小学时带他看心理医生，花了近三万元，他读小学的时候一写作业，就流眼泪，学习比较困难，他爸爸说他上课不听课，玩手指甲，肯定是在想：要过年了，妈妈会不会回来过年。

（3）心理辅导的动因与目的

听了他爸爸的话，我很心痛，好可怜的孩子，父母的离异一定对他造成了很大的伤害，我想我一定要帮助他，让他在我们班能找到归属感和价值感，希望他能积极乐观，健康向上，学习进步。我想慢慢来，在平时的陪伴中多关心他，多鼓励他，多给他机会展示自己，我相信每个人内心都有向上的力量，向善的幼苗，相信假以时日，他会发展得很好的。

（4）心理辅导的过程、策略、方法

①良好的班级氛围是辅导的大"前提"

幸运的是，经过一段时间的相处，我发现这个男孩很听我的话，愿意和我亲近，我想这应该与我从建班起就一直坚持的一些做法和教育理念有关。自建班起我跟同学们说话都是很温和亲切的声音，几乎没有大声的吼骂；班上大事小事，我都和同学们一起商量，一起决定；我会经常和同学们交谈，一般是利用信息课和体育课时，大部分同学去了电脑室、操场，我留一小组的同学在教室里和他们很好地交流，增进对他们的了解，也表达我的关心、鼓励和建议。我一直坚信，一定要让孩子们感受到老师的关心和鼓励，孩子们才会对自己更有信心，更有向上的动力；而且我常在班上讲："你们在熊老师班上不要怕犯错误，犯了错误，熊老师会引导你们从错误中学习，若有所改进，老师会非常有成就感，老师会更加喜欢你，并不会因为你犯过错误而轻视你。"我也常对学生说，一个班级几十个人，每个人的学习能力不一样，就像五个手指不会一样长，但只要大家都努力，班级这个拳头就会更有力量，老师更看重的是每个同学的努力，而不只是考试成绩。

②帮助孩子找到归属感和价值感

建班后不久我们班就形成了轻松友好的氛围，我们班上竞选班干部及课代表工作，都是采用的毛遂自荐制，有几次他都非常积极地举手要承担责任，担任班干部。我非常高兴，正想着要让这个孩子在我们班找到归属感和价值感，这是很好的机会，于是我就让他担任了劳动委员。他工作积极性很高，每天早上、中午都会提前到校，带着同学们去打扫环境区，我趁此机会多次在班上表扬他，说他责任感强，乐于奉献。他很高兴，但孩子毕竟还小，小学时可能也有了一些坏毛病，不久后，总有同学来告状，说他用脏话骂人或工作方法有问题，但我考虑到要树立他的信心，对这些意见就压了一段时间没有处理。后来我找了几次机会，手把手教他怎样开展工作，他有所改进，虽然后来也不时会有同学来告他的状，我会向同学解释说他每天坚持提前到校很不容易。到了七年级下学期他的工作就比较顺手了，而且一直担任劳动委员至今，为我分担了不少，我们班环境区很远，任务又重，但我几乎不用管，都是他带着同学们打扫得干干净净的。

③积极关注，因势利导

我会不时地找每一个同学谈话，这其中也包括小强，每次和他谈话，我都会表达鼓励和关心，并给出一些建议，整体上讲他在平稳进步，成绩也在逐渐地提升。而且我发现他的观察能力、分析能力、组织能力都很不错，他也有几个相处得较好的同学，在一起有说有笑，但我仔细观察他，觉得他的笑有时似乎不是真心的，我心里隐隐担心，心想我要更多地鼓励他、关心他。到八年级下学期开学后不久，一个女生哭着找到我，说小强一看见她就翻白眼，发出一些歧视她的"声音"，等等，让她很难受。我找到小强，心想他平时还比较听我的话，就没有严厉地批评他，只对他说："小强，你这一两年进步了蛮多，熊老师很为你骄傲，也对你很有信心，你很优秀，优秀的人更应该关心保护身边的人，某某女生，她确实有缺点，但我们不能因此冷落她，欺负她。"

④就事论事，平等交流

但没过几天，女生又来告状，说他欺负她更厉害了，还带着班上其他两三个男孩时常对她表现出厌恶、歧视的言行，而且也有别的女生来说，他时不时地会对她们说一些怪话，让她们感到不舒服。我心想问题严重了，这孩子心里还是有阴暗面，但我一时也不知道该怎么办。我想帮助女生，也想帮助他，觉得还是必须让他知道什么事情不能做，也让他知道老师的底线在哪里，便将他叫到办公室，比较严厉地批评了他，说他违反了校规，也忘记了我们班的班训"世界因我多温暖"，等等；同时也语气平和地和他分析了他这样对待那位女生的严重后果，可能会对对方造成心理伤害，他的爸妈也会来找麻烦，希望他能更友好地对待这位女生，他点了点头。

⑤设身处地，集体帮扶

这一轮交谈之后，情况略有好转，但不久，女生又找到我说他依然对她造成很大的困扰，我心里很着急，也知道这些行为发生的根源在于男孩父母的离异对其造成的心理影响。这一次，我与陈新桂老师聊了一下他的情况，陈老师让我试着与他坦诚相待交流心里的感受和担忧，先不要去评判和批评他。这一次我找到了小强和那位女生，还有与这件事情无关但比较能干的几位学生一起到办公室，我没有批评他，而是用很平和的态度，询问双方的想法、感受、要求等，女生说她不希望他歧视她，这让她心里很难受。我问小强为什么要这样做，是不是有什么矛盾？他也没有说话。我让其他的几个同学说说对这件事情的想法，同学都说小强不应该这样做，不应该这样歧视这位女生，也说了女生应该改进的地方，给双方都提了一些建议。我让小强和那位女生握了手算和解，整个气氛控制得比较轻松和谐，这之后，小强收敛了很多，但我看得出他还是有些不太喜欢她，我想还得慢慢来。

（5）辅导效果让我"非常有成就感"

后来，小强没有再出现歧视那位女生的言行了，我跟他家长一直强调小强发展得很好，不要总担心他是离异家庭的孩子，要给予他信任，让他得到积极的心理暗示。我也是这样做的，每次交流都是表达对他的信任、肯定和鼓励，我内心确实对他的未来充满了信心。

班上的任课老师都说小强在我们班发生了巨大的改变，像变了一个人，遵守纪律，积极向上，和同学相处愉快，工作认真负责，学习认真，成绩进步了二百多名，应该可以考上城区的高中。作为他的班主任老师，我是非常有成就感的，但我也知道我做得还不够好，我还应该多学习心理学知识，更好地帮助学生。

2. 评析（陈新桂）

（1）班主任开展"陪伴式"个别心理辅导是行之有效的。"陪伴式"

心理辅导的底层逻辑是人本主义心理学。人本主义充分肯定人的尊严和价值，强调爱与理解，相信人有自我成长的潜能，必须创造出一个积极的成长环境。熊老师说"相信每个人内心都有向上的力量，向善的幼苗，相信假以时日，他（这孩子）会发展得更好的"，两年多的真情陪伴，"帮助孩子找到归属感和价值感"，通过"积极关注，因势利导""就事论事，平等交流"等体现人本主义的策略、方法，"拂拭"这孩子小时候的创伤阴影，让他从"若有所失"的诸多状况，到"发生了巨大的改变，像变了一个人，遵守纪律，积极向上"，这是"陪伴式"心理辅导的奇迹！

（2）"陪伴式"个别心理辅导以民主平等的师生关系作为前提。"班上大事小事，我都和同学们一起商量，一起决定""我会经常和同学们交谈"，以及"设身处地，集体帮扶"的过程，都是"良好的班级氛围"表征，所彰显的熊老师和学生的良好关系，与教育部《中小学心理健康教育指导纲要》（2012 年修订版）"要注重发挥教师人格魅力和为人师表的作用，建立起民主、平等、相互尊重的师生关系"的要求是完全一致的。学校一般教师，无论是班主任，还是科任教师，与学生建立了这样的关系，才能"亲其师，信其道"，踏上人本主义心理辅导的"必经之道"，才能和孩子们有效沟通，助人自助，大问题化小、小问题化了，成为学生的心理保健医，也才能使教育部要求的"学校应将心理健康教育始终贯穿于教育教学全过程"变成现实。

（3）"陪伴式"个别心理辅导需要教师具备优良的人格特质。在陪伴孩子的过程中，熊老师"跟同学们说话都是很温和亲切的声音""并不会因为你犯过错误而轻视你"，当小强以前的坏习惯冒出来，熊老师说服同学们给他机会成长，期待他成长，当他"用脏话骂人或工作方法有问题"时，"手把手地教他"，等等，都体现了熊老师"温暖、通情（倾听）、接纳、尊重、真诚"等良好的人格特质，所以产生了非常好的辅导效果。正如人本主义心理学家罗杰斯所说，心理辅导（咨询）是用用生命影响生命，用人格影响人格的崇高事业。

（4）"陪伴式"个别心理辅导需要走进学生的心灵，方法灵活。熊老师对小强的陪伴，像妈妈对待自己的孩子一样，倾注了满满的爱，具有"'扮亲人'的亲情陪伴"的重要意义，极大地满足了小强内心对母爱的无限渴望。"归属感和成就感"是每个孩子都有的心理需求，是其心灵成长的动力，熊老师通过观察发现"几次他都非常积极地举手要承担责任，担任班干部"，于是委以重任，"一直担任劳动委员至今"。引导小强不断成长，更多的是"强化积极情绪的发展陪伴"，熊老师面对小强发展过程中的一波三折，始终坚信孩子是向上的、向善的，"我想还得慢慢来"，其方式方法是灵活多样的，也是卓有成效的。

（5）"陪伴式"个别心理辅导是教育部"指导建议"的积极践行。教育部中小学心理健康教育专家指导委员会在《给全国中小学校新学期加强心理健康教育的指导建议》中强调，"针对心理困扰较大的学生，提供及时有效的个体心理辅导"，"特别关注情绪波动较大的学生，提供陪伴性心理辅导，建立同伴互助小组，协助其接纳和调节自己的情绪，促进其转变认知、优化心态"。熊君老师成功践行教育部颁发的指导建议，值得所有班主任，以及所有教师效仿，共同托起学校心理健康教育的蓝天。

附　录

在留守儿童心理援助的文化视野里，留守儿童和非留守儿童是动态的，今天是留守儿童，明天可能不是留守儿童，反之亦然；农村有留守儿童，城镇、城市也有留守儿童；《中华人民共和国未成年人保护法》规定，"未成年人是指未满18周岁的公民"，与联合国《儿童权力公约》中"儿童"的年龄范围一致；我国心理学界对人的心理发展年龄阶段的划分，将0到18岁（高中毕业）归为儿童期。

从幼儿园到高中毕业，几乎每个孩子都经历过"留守"。高考是"动态"留守儿童人生的重要经历、"关键"节点，左右他们人生发展的方向；高考前后往往容易产生过度焦虑，对他们实施心理援助、开展发展心理辅导极其重要。"附录"中《应对高考焦虑，考出最佳水平》和《直面高考结果　规划幸福人生》这两篇文章，虽然简短，但所涉及"认知调整""放松训练""人生规划""目标达成"等方面的内容，具有针对性、适宜性，既能让参加高考的孩子直接受益，也能在常态教育条件下，为爱心教师、广大家长提供"陪伴孩子成长"的思考点……

1. 应对高考焦虑，考出最佳水平

临近高考，产生过度焦虑前来咨询的来访者明显增多。学校心理咨询师有些忙不过来了，民营的心理咨询中心也有点"火起来"了。

有的抱怨："考都还没考，老爸就和我谈起报考哪所学校，我紧张得都学不进去了!"

有的感觉喘不过气来，想怎么说就怎么说了："家长希望我考好，是为他的面子、他的自尊。""老师过分期望、鞭策我考重本名校，难道纯粹是为我的前途?"

有的则很理智："我国高等教育大众化，人人几乎都能上大学了，但还是要考虑上什么样的大学，我们有些担心高考失利。"

笔者对这些高考前的"风景"不做任何评价，只想告诫莘莘学子，要正确认识高考焦虑，缓解过度焦虑，考出最佳水平。

正确认识高考焦虑

焦虑并不是完全不好。在一定程度上，适当的焦虑会让成绩提高，但过度焦虑，反而很难取得理想成绩。所以，考生需要适度的焦虑，也要避免过度焦虑。

高考过度焦虑的特点让人一目了然——

考前过度焦虑：发生在考试前半个月至一个月，表现为精力不集中，心烦意乱，严重的甚至出现头痛、腹泻、发热、睡眠欠佳等症状，严重影响复习质量。

考试过度焦虑：表现为过度紧张、大脑空白、推理能力和思考能力下降。有的考生同时伴有自主神经症状出现，如眼花、手抖、口干、口吐、头昏、心率过快直至休克，出现大家所说的"晕场"。

缓解过度焦虑有技巧

技巧一：调整自我认知

过度焦虑是不合理的信念（非理性的观念）导致的。

这种非理性的观念有三类：一是绝对化的要求，常常会使人过度焦虑。如"成败在此一举""我必须考取一本""高考成绩决定我的前途"等；二是过分概括、以偏概全的思维方式，会把人的情绪弄得特别焦躁。如"我的数学成绩不好，高考没有希望""这两次我没有考好，高考我肯定考不好"，等等；三是对高考的可能后果非常后怕，甚至有了灾难性的预期，如"考不上大学我的前途就完了""考不上好大学，我就无法找到好工作，无法生活下去"，等等。其实未来并不一定是人们预期的那样可怕！

纠正不合理的信念，调整自我认知，迫在眉睫。

1. 清理一下不合理的担忧。第一步，把自己的担忧不假思索地全部写下来，然后去掉重复的，按担忧的程度大小排列各条目；第二步，分析担忧的合理性与不合理性；第三步，对不合理的担忧产生质疑，逐步打消担忧的念头；第四步，得出合理的分析，如通过分析认为某一担忧是没有根据的或不现实的，而且有危害，然后马上放弃这种困扰。

2. 树立坦然面对的心态。如经历高考是我们的生活过程；高考焦虑不是我个人的专利；把高考当成一次学校考试；高考目标要"量体裁衣"；考出了自己的最佳水平就是成功；"东方不亮西方亮，黑了东山有南山"，等等。

3. 学会积极的自我暗示。如"我的前途我做主，我的高考我承担！""我能行！""我能成功！"，等等。

技巧二：进行深呼吸放松

无论是坐姿、卧姿，还是站姿，都可以进行深呼吸放松，从而缓解过度焦虑。

动作要领：①闭上眼睛，把注意力集中在腹部肚脐下方；②用鼻孔缓缓地吸气，想象好像空气沿着气管进入到肺部，腹部随着吸入的气的不断增加，慢慢地鼓起来；③吸足气后，稍微闭一下，以便氧气与血管里的浊气进行交换；④用口和鼻同时将废气慢慢、自然地吐出来，腹部慢慢地瘪下去。

技巧三：进行渐进性肌肉放松训练

遵循由下向上的原则，从脚趾肌肉放松开始，到面部肌肉放松结束。家长可以上网下载放松训练的方法，自己尝试后教孩子。学生可以请学校心理咨询师教会放松训练。

自我放松训练可以和深呼吸放松结合起来，每天 1～2 次，效果良好。如果过度焦虑超过 2 个月的时间，到了焦虑神经症的程度，首选是药物治疗（到正规医院开药），同时配合放松训练，效果理想。

2. 直面高考结果，规划幸福人生

——寄语高考学子及家长

高考结束，恰是高中毕业生心理问题最容易爆发的阶段，他们各种心态都有：有的考得很理想，心里喜滋滋；有的感到与自己的预期有很大的差距，纠结不已；有的成绩一直差，认为反正要落榜，抓紧玩乐一把……

各位莘莘学子，高考后的放松以及适当的发泄，有利于身心健康，但要有度，不能自由放纵。我们必须直面高考结果，规划幸福人生。

放弃成绩纠结

一位考生考完英语就找人对答案，结果估分只有 80 分。"哎呀，只有这么点分数，没希望了……"焦虑和抑郁的情绪立即加重。

高考就是经历，经历就是财富。知晓自己高考的成绩之后要坦然面对，考得非常好不要沾沾自喜，高考的好成绩主要是智商的表征，并不是你的能力和美好前途的指标。考得差也不要去纠结，未来的发展受多种因素的影响，有人抛出一个公式说明一些问题：智力只占一个人成功因素的17%，其余的是情商、抗挫力等。

我们无法改变现实，只能接受现实、适应现实。如果老是为分数纠结，时间久了，会引发强迫、焦虑和抑郁等心理症状，甚至会导致精神疾病。

作为家长，营造和谐宽松的家庭氛围十分必要。既然成绩已成定局，考好考坏都不要再埋怨孩子；要引导孩子认识自我、规划未来的人生；家长和孩子可以充分交流、探讨，为填报高考录取志愿打下基础，或为孩子复读与否以及坦然就业做好铺垫；有经济能力的，可以带孩子外出旅游，转移一下注意力。

勾勒人生愿景

各位莘莘学子，你们接受了10多年的家庭教育和学校教育，也许树立了明确的人生目标，也许勾画了实现目标的蓝图。高考之后，我们还要确定与"目标"和"蓝图"紧密联系的人生愿景：养活自己，孝敬父母，服务他人，奉献社会。

每个人都要树立一个信念，不当"啃老族"。大学生活是自由的，一切靠自律。自律要从当前开始，要节制自我放纵，要坚信"打铁还需自身硬"。只有这样，在"共享单车""微信支付"的美好时代，才能真正做好自己，找到工作，找到面包。

无论我们的父母是什么模样，我们的生命之歌，都有"父亲的草原母亲的河"。如果一个人连自己的父母都不尊重，都不孝敬，还怎能与人为善？怎能为他人服务？孝敬父母，学会感恩，是一个人成功的重要源头。

无论我们从事什么工作，都要有服务意识。"服务他人"就是为人民服务。听听伟人毛泽东的声音："一个人能力有大小，但只要有这点精神，就是一个高尚的人……"

坚持自我超越

7年前，姓张的两位堂兄弟同时参加高考，同时入读机械专业。只是哥哥读的是重点本科，而弟弟高考落选，上了民办职业技术专科学校。最近得知，哥哥在国有企业工作，弟弟在广州务工。每个月除去"五险一金"，哥哥只有3000多元，弟弟却有7000多元。

引用这个真实案例并不是说上"重本"不好，而是希望青年学子能领悟：考到差学校的前途不一定比考到好学校的前途差。外部条件好固然重要，但每个人的多元智能是不一样的，而且个体的人格特征、价值观念、行动能力，是影响自我发展最重要的因素。这位弟弟勇敢面对高考结果，发奋努力，不断超越，成就了自我。这样的例子比比皆是，可谓"条条大路通罗马"！

怎样坚持自我超越，我给你们"16字"建议：身心健康，目标明确，勤奋刻苦，步步为营。趁高考后的空闲时间，看看中央电视台的《朗读者》《黄金100秒》《向幸福出发》《挑战不可能》和《越战越勇》，这些栏目充满正能量，能开阔我们的胸襟，拓展我们的生命构想，增强我们自我超越的力量！

主要参考文献

［1］刘金花．儿童发展心理学［M］．3版．上海：华东师范大学出版社，2013.

［2］樊富珉．团体心理咨询［M］．北京：高等教育出版社，2005.

［3］钟志农．心理辅导活动课操作实务［M］．宁波：宁波出版社，2007.

［4］西格蒙德·弗洛伊德，车文博．癔症研究［M］．北京：九州出版社，2014.

［5］李明．叙事心理治疗［M］．北京：商务印书馆，2016.

［6］茵素·金·伯格，特雷西·史丹纳．儿童与青少年焦点短期心理咨询［M］．黄汉耀，译．成都：四川大学出版社，2005.

［7］克莱格·史密斯，大卫·奈仑德，朱眉华，等．儿童青少年叙事治疗［M］．上海：同济大学出版社，2007.

［8］马一波，钟华．叙事心理学［M］．上海：上海教育出版社，2006.

［9］杨铮传．儿童教育心理学问答［M］．长沙：湖南大学出版社，1989.

［10］朱迪思·赫尔曼．创伤与复原［M］．施宏达，陈文琪，译．北京：机械工业出版社，2017.

［11］郭念锋．国家职业资格培训教程·心理咨询师（基础知识）［M］．北京：中国劳动社会保障出版社，2017.

［12］郭念锋．国家职业资格培训教程·心理咨询师（国家职业资格三级）［M］．北京：中国劳动社会保障出版社，2017.

［13］高志敏．成人教育心理学［M］．上海：上海科技教育出版

社，1997.

［14］郝程程，凌辉，周立健，等．农村留守儿童和非留守儿童问题行为和同伴接受性比较研究［J］．社会心理科学，2013（1）：98－103.

［15］姜凤萍，王晓英．留守儿童心理健康问题研究现状分析［J］．中国农村卫生事业管理，2013（2）：171－174.

［16］刘海生．农村留守儿童污名化问题研究［J］．成功（教育），2013（3）：264－265.

［17］韩晓明，李雪平．农村留守儿童心理问题研究综述［J］．山西农业大学学报（社会科学版），2013，12（1）：28－32.

［18］曾梅．教师要当好学生的心理保健医——访北京师范大学发展心理研究所所长林崇德教授［J］．北京观察，1999（7）：24－26.

［19］张建新．让心理学真正服务于中国人民［OL］．人民网－人民健康网，2020.8.27.

［20］阳锡叶，张晓雅，赵经天．从"心"开始——杨铮传和澧县留守儿童心理援助项目［J］．湖南教育，2019（12）：4－10.

后　记

　　《留守儿童心理援助与技术》终于脱稿了。中华儿慈会留守儿童心理援助项目的实施、项目成果的推广应用，是"湘北心协"心理服务志愿者和社会有识之士、有志之士共同参与的过程；心理健康教育实务探索的诸多业绩，是因为众人拾柴火焰高。

　　"湘北心协"是澧县（湘北）心理咨询师协会和湖南省心理咨询师协会湘北工作委员会（湘工委）的统称。2010年开始以地域名"湘北"设立湘北心理咨询师协会（筹），得到社会认可，后来国家出台新的规定，正式审批只能按行政区划冠名"澧县"，因"湘北"已名声在外，加上会员覆盖了湖南湘北地区，所以出现括号"湘北"字样。2014年10月，湖南省心理咨询师协会召开理事会，全票通过以澧县（湘北）心理咨询师协会为依托，设立湖南省心理咨询师协会湘北工作委员会，只是便于开展工作，别无其他。

　　作为澧县心理咨询师协会的创始人、湘工委的负责人、留守儿童心理援助项目的领衔人，作为心理健康教育实务探索的普通一兵，面对一叠整理好的厚厚书稿，我重重地呼出一口气，终于完成了应该做的一件事情。

　　首先感谢中国心理学家大会组织全国首届社会心理服务"十佳"案例评选活动，评选公平、公正、公开，《留守儿童心理援助案例》得以参评并拔得头筹。

　　留守儿童心理援助12年来，所有志愿者的"一路同行"、社会各界人士的热情支持，深厚的友情链接让我们走到今天，这是我决心整理出版本书的情感动力！

湖南省澧县少年宫的法人代表杨军模先生，无论留守儿童心理援助项目的立项、实施，还是项目成果的应用推广，始终结伴而行，时光记载了这段铿锵的历史和这个最可爱的人！

逸迩阁书院设立了心理咨询室，在全国绝无仅有，创始人高金平、易秦夫妇，高度认同留守儿童心理援助的文化理念，于2019年5月4日参加留守儿童心理援助研讨班，随即投身留守儿童心理援助项目成果的应用推广工作，仅隔19天，便在逸迩阁书院所在石门县开展"留守儿童'三个一'送教到校活动"，同年10月7日，在逸迩阁书院开办"留守儿童心理援助工作坊"，2020年6月组建社会心理服务团队，2021年10月6日举办"逸迩阁志愿者暨2021年湘北心理服务志愿者成长活动"。他们坚定不移投身心理健康教育，是留守儿童心理援助最彻底的支持者、参与者，一种精神，一种理想，一种情怀，令人钦佩，值得敬重！

对关心、支持留守儿童心理援助项目的各级领导、各界人士表示衷心的感谢，对众多专家学者为留守儿童心理援助项目友情讲学，以及众多媒体记者的采访报道表示衷心的感谢！

谨以此书感恩我的父母唐志雄、杨先湘两位先生，敬献给我的三位老师，湖南第一师范学院（第一师范）的石海泉老师，是他的学识、热情、厚爱，点燃了我对心理学的热爱；第二位是我儿童心理学这门课程的老师，湖南师范大学的彭祖智教授，他指导我读书、教书、写书，鼓励我终身走应用心理学"草根"之路，他说"基层学校需要心理学"；第三位是我实验心理学课程的老师，湖南师范大学的郑和钧教授，他带我跟班开展课题研究，谆谆教诲，恩重如山！

在编写本书的过程中，参考引用了国内学者相关的诸多成果，在此一并表示深深的谢意！

本书的编撰出版，得到多方面支持，特别是中国心理学家大会主席、中国心理学会心理学标准与服务研究委员会主任梅建教授，国家教育部心理学教指委委员、上海体育学院心理学院博士生导师贺岭峰教授，原中德心理医院院长、中国地质大学（武汉）应用心理研究所硕士生导师吴和鸣先生倾情审阅全书、撰写推荐序言，相关单位及朋友尽力宣传、扩大本书的影响范围，让更多的人受益，我心存感激！

留守儿童心理援助项目的实施、项目成果的推广应用，线长面广，涉及学校心理健康教育的方方面面，是一项浩大的系统工程，笔者只是这一浩大工程的见证者、参与者、推动者，编著此书，难免挂一漏万，加上水平有限，本书的不成熟和纰漏之处在所难免，恳请广大读者及同仁不吝赐教，悉心指正！